Reclam Literaturunterricht

Sachanalysen. Stundenverläufe. Arbeitsblätter

Johann Wolfgang Goethe
Iphigenie auf Tauris

Von Max Kämper

Reclam

Abkürzungen und Symbole

EA	Einzelarbeit
PA	Partnerarbeit
GA	Gruppenarbeit
UG	Unterrichtsgespräch
LV	Lehrervortrag
*	Kennzeichnung eines zusätzlichen Arbeitsauftrags oder Unterrichtsschritts auf erhöhtem Niveau (für Binnendifferenzierung)
HA	Hausaufgabe

Verweis auf die zugehörige Ausgabe:
Johann Wolfgang Goethe: Iphigenie auf Tauris. Ein Schauspiel. Hrsg. von Max Kämper.
Stuttgart: Reclam, 2017 [u.ö.]. (Reclam XL. Text und Kontext. 19019.)

Code für editierbare Arbeitsblätter und Vorlagen

Alle für den Unterricht benötigten *Arbeitsblätter* und *Vorlagen* (Bilder und Texte) sind digital auf der Webseite **www.reclam.de/lehrer_iphigenie** zum Download verfügbar. Bitte geben Sie folgenden Code ein:

b5uhVgBk

Reihenkonzept: Max Kämper

Reclam Literaturunterricht | Nr. 15801
2019 Philipp Reclam jun. Verlag GmbH,
Siemensstraße 32, 71254 Ditzingen
Druck und Bindung: Elanders GmbH,
Anton-Schmidt-Straße 15, 71332 Waiblingen
Printed in Germany 2019

ISBN 978-3-15-015801-2
www.reclam.de

Inhalt

Vorbemerkung

Goethe entführt Iphigenie, Orest und den Barbarenkönig Thoas aus dem griechischen Mythos in ein modernes aufgeklärtes Zeitalter, in dem eine auf Humanität und Selbstbestimmung beruhende Lösung der uralten Konflikte möglich wird. In aussichtsloser Lage, nach schwerem inneren Ringen, stellt sich Iphigenie gegen den Erpressungsdruck des Thoas, gegen die zweckrationalen Argumente ihres Vetters Pylades, gegen alle kultischen Traditionen und folgt ihrer inneren Stimme, der Stimme des Gewissens. Unfähig zu List, Lüge und Betrug gegenüber dem Taurerkönig verlässt sie sich einzig auf die Stimme der Menschlichkeit in jedem Menschen und offenbart Thoas den Fluchtplan der gefangenen Griechen, an denen sie als Priesterin das Menschenopfer vollziehen soll. Damit emanzipiert sie sich von den göttlichen Weisungen des Orakelspruchs und beansprucht eigene sittliche Verantwortung und damit Autonomie gegenüber den Göttern, die als Bilder, als Projektionen des Menschen von menschlichem Handeln abhängig sind. »[V]erherrlicht / Durch mich die Wahrheit!« (V. 1918 f.). Dieser Stimme des Gewissens, diesem Appell an seine Menschlichkeit kann sich selbst der Barbarenkönig nicht entziehen und gewährt den Griechen in einem schmerzlichen Verzicht freien Abzug. – Eine »ganz verteufelt human[e]« Lösung, wie der nach dem persönlichen Erleben der Französischen Revolution und der Revolutionskriege skeptisch gewordene Goethe später, in einem Brief an Schiller vom 19. Februar 1802, urteilte?

Benutzungshinweise

Der Band enthält neun aufeinander aufbauende Unterrichtsstunden und zwei Klausuraufgaben mit Lösungsvorschlag.

Jeder Entwurf einer Unterrichtsstunde besteht aus zwei Teilen:
- **Sachanalyse** mit einem praxisorientierten, auf den Unterrichtsverlauf bezogenen Interpretationsangebot
- **Unterrichtsverlauf** mit (a) kurzem inhaltlichen Überblick, (b) den Unterrichtsschritten in tabellarischer Übersicht und (c) ausführlichen Erläuterungen zu den einzelnen Unterrichtsschritten

Jede Unterrichtsstunde bietet alle für den Unterricht benötigten Materialien:
- kopierfähige **Arbeitsblätter** (ggf. mit Lösungshinweisen im Anhang)
- **Vorlagen** (Bilder oder Texte)
- **Tafelbilder** (bzw. Vorschläge für die mediale Präsentation)

Die Unterrichtsstunden enthalten an allen geeigneten Stellen Hinweise für
- einen möglichen **verkürzten Verlauf** (als fakultativ gekennzeichnete Unterrichtsschritte)
- eine mögliche **Binnendifferenzierung** (die entsprechenden Arbeitsaufträge bzw. Unterrichtsschritte auf erhöhtem Niveau sind mit einem Asterisk * gekennzeichnet)

Textgrundlage ist die Ausgabe:
Johann Wolfgang Goethe: Iphigenie auf Tauris. Ein Schauspiel. Hrsg. von Max Kämper. Stuttgart: Reclam, 2017 [u. ö.]. (Reclam XL. Text und Kontext. 19019.)

1 Den Eingangsmonolog erschließen

Sachanalyse

Ein Monolog bezieht die Außenwelt nur als Spiegelung im Bewusstsein einer Dramenfigur ein, erfasst also alle Ereignisse oder Zustände der Außenwelt nicht direkt und unmittelbar, sondern im Erleben und in der Bewertung eines Subjekts. Die dramatische Figur wird dadurch von innen her in einer tieferen Dimension ihres Wesens erfasst. So verhält es sich auch von Anfang an mit der Klage Iphigenies über ihre Lage auf Tauris, die schließlich in einer kaum verhehlten Anklage gegenüber der Göttin gipfelt. Bereits im ersten Abschnitt (V. 1–14) hadert die Diana-Priesterin mit dieser äußeren Situation und schlägt dabei einen Bogen von dem Sakralbereich Tempel und Hain, vor dem sie Grauen empfindet, über den göttlichen Willen, der sie nun schon viele Jahre in ihrem unfreiwilligen Exil »bewahrt« (V. 7), bis hin zu ihrem tief empfundenen Schmerz über den Verlust von Heimat und Familie. Mit einem emphatischen »Weh dem [...]!« (V. 15) verallgemeinert sie ihr Schicksal zu dem traurigen Los aller Heimatlosen, was sie mit eigenen Erfahrungen und Sehnsüchten veranschaulicht (V. 15–22).

Von Dankbarkeit gegenüber ihrer »Retterin« (V. 37) also keine Spur, im Gegenteil: Die gefühlte Abhängigkeit von Diana (»Ein hoher Wille, dem ich mich ergebe«, V. 8) veranlasst sie zu einer Kritik an der Rolle der Frauen und ihren Abhängigkeiten im Allgemeinen, wofür sie entgegen ihrer Beteuerung die Götter verantwortlich macht: »Ich rechte mit den Göttern nicht, allein / Der Frauen Zustand ist beklagenswert« (V. 24 f.). Auch ihre Haltung gegenüber Thoas ist angespannt. Er hatte ihr seinerzeit zwar als »edler Mann« (V. 33) Asyl gewährt, aber mittlerweile fühlt sie sich von ihm wie in »ernsten, heil'gen Sklavenbanden« (V. 34) festgehalten.

Die zahlreichen Pronomen in der ersten und zweiten Person Singular in den beiden letzten Abschnitten (V. 35–42 und V. 43–53) signalisieren, dass sich Iphigenie nun wie in einem Gebet direkt an Diana wendet, wobei die kritische Distanz zur Göttin unübersehbar ist. Das schamvolle Geständnis, sie diene der Göttin »[m]it stillem Widerwillen« (V. 36), zeigt noch ihre Ambivalenz, da sie Diana im gleichen Atemzug als ihre »Retterin« (V. 37) bezeichnet. Aber genau diese Rettung durch die Göttin wird gleich danach von ihr hinterfragt. Denn Diana habe Agamemnon, »[d]er dir sein Liebstes zum Altare brachte« (V. 46), mit ihrer göttlichen Autorität (»die Tochter fodernd«, V. 44) zum Opfer seiner Lieblingstochter genötigt: »In Iphigenies Einschätzung sind daher auch nicht die Menschen, sondern die Götter für das Unglück, das sie nach Tauris verschlagen hat, verantwortlich.«[1] Angesichts einer solchen Bewertung der Vorgänge in Aulis wird klar, warum sie dem von ihr idealisierten Vater verziehen hat. Mit dem abschließenden hyperbolischen Oxymoron »Und rette mich, die du vom Tod errettet, / Auch von dem Leben hier, dem zweiten Tode« (V. 52 f.) wird die damalige Rettung durch die Göttin erneut in Frage gestellt, denn sie fühlt sich keineswegs zum Leben erlöst, sondern von Diana zum ungeliebten Amt einer Priesterin an deren Menschenopfer-Kultstätte auf Tauris verurteilt. Im letzten Abschnitt spricht Iphigenie nicht mehr in der Rolle der Priesterin, sondern als ungeduldige Königstochter, die mit ihrer Forderung »So gib auch mich den Meinen endlich wieder« (V. 51) die Verfügungsgewalt der Göttin über sie beanstandet, indem sie auf ihre eigentliche Zugehörigkeit verweist.

Wie ein roter Faden zieht sich die bittere Erkenntnis durch ihre Situationsanalyse, dass sie nicht frei über sich selbst bestimmen kann, sondern zum Objekt eines fremden Willens, in erster Linie der Göttin, aber auch des taurischen Königs, geworden ist. Im Widerspruch zu ihrer Behauptung, sie »ergebe« (V. 8) sich dem Willen der Diana, ist sie mit ihrem privaten Schicksal und ihrer gesellschaftlichen Rolle als Frau keineswegs einverstanden, sondern bemängelt das Verhalten der Göttin und deren ungenügende Kompetenz für den Führungsanspruch über menschliches Leben. Sogar in Iphigenies Verständnis von ihrem Priesteramt wird Aufbegehren erkennbar: »Mein Leben sollte / Zu freiem Dienste dir gewidmet sein« (V. 37 f.). Die hier angesprochene Freiwilligkeit, die ja Selbstbestimmung voraussetzt, ist unvereinbar mit der einseitigen Amtseinsetzung durch damalige göttliche Weisung ohne Zustimmung der Betroffenen und steht im Widerspruch zum »stille[n] Widerwillen« (V. 36) in der tagtäglichen Ausübung ihres Dienstes.

Doch trotz aller Skepsis bewahrt sich Iphigenie eine vielleicht nur noch von der Hoffnung auf Heimkehr gespeiste Frömmigkeit: In der kunstvollen Satzperiode des Schlussappells bittet sie Diana um ihre Hilfe bei der Rückkehr nach Griechenland – nicht ahnend, dass ihre schöne Vision einer harmonisch vereinten Familie schon längst von der blutigen Wirklichkeit widerlegt wurde.

1 Achim Geisenhanslüke, *Johann Wolfgang Goethe, »Iphigenie auf Tauris«: Interpretation*, München 1997, S. 31.

Unterrichtsverlauf

Überblick. Anhand eines Gemäldes und eines Sachtextes aktualisieren und ergänzen die Schülerinnen und Schüler eigene Kenntnisse zum Krieg um Troja, speziell zu den Ereignissen in Aulis und damit zu einem grausamen, vorzivilisatorischen Ritual. Die durch das Bild ausgelöste Wahrnehmung des Themas Menschenopfer und seiner Folgen für individuelles menschliches Schicksal wird in der Begegnung mit der Titelfigur des Dramas fortgesetzt und zu einer bereits differenzierten Annäherung an die Seelenlage Iphigenies intensiviert. ! **Verkürzter Verlauf: 1.1 – 1.3 – 1.4 – 1.5**

Phase	Thema	Sozialform	Kompetenzen und Lernziele	Materialien
Voraussetzungen: keine				
1.1	Einstiegsphase: *Opfer der Iphigenie* von Giovanni Domenico Tiepolo (etwa 1760)	UG	• Vorwissen aktualisieren • Tantalidenmythos kennenlernen • Bildbeschreibung und -deutung üben	VORLAGE 1a ➤ S. 7
1.2 fakultativ	Der Artemis-Kult im antiken Griechenland	EA (LV)	• Einem Sachtext Informationen entnehmen und diese anwenden • Historische Hintergründe des Mythos erfahren	ARBEITSBLATT 1a ➤ S. 11
1.3	Der Beginn des Eingangsmonologs: Topografie und Situation (V. 1–14)	UG	• Mit Hilfe erster Textinformationen einen Überblick herstellen • Die dramaturgischen Möglichkeiten eines Monologs bestimmen	VORLAGE 1b ➤ S. 9
1.4	Erschließung der Fortsetzung des Eingangsmonologs	PA (binnendifferenziert)	• Texterschließungstechniken aus 1.3 anwenden • Den Monolog strukturieren und erste Deutungshypothesen entwerfen	ARBEITSBLATT 1b ➤ S. 13
1.5	Erschließung des gesamten Monologs und Ergebnissicherung	UG	• Die innere Handlung als Fremdheitserfahrung differenziert erfassen	TAFELBILD 1 ➤ S. 10
HA	Vorbereitende Lektüre des gesamten ersten Aufzugs			*Iphigenie*, Reclam XL, S. 5–20

Diese einführende Unterrichtsstunde erfolgt ohne häusliche Lektüre des Dramas durch die Lerngruppe. Sie wird erst sukzessive mit entsprechenden Leseaufträgen an den schwierigen Lerngegenstand herangeführt, um die Rezeptionsbereitschaft nicht zu belasten. Die Kenntnis des gesamten Dramas wird ab der 6. Unterrichtsstunde vorausgesetzt.

1.1 Einstiegsphase: *Opfer der Iphigenie* von Giovanni Domenico Tiepolo (etwa 1760)

UG

VORLAGE 1a ➤ S. 7

Unterrichtsschritt. Mit Giovanni Domenico Tiepolos Gemälde ***Opfer der Iphigenie*** (VORLAGE 1a) lernen die Schülerinnen und Schüler die Ereignisse in Aulis als einen Teil des Tantalidenmythos und damit der Biografie der Titelheldin des Dramas kennen. Aus der Beschreibung und Deutung zentraler Merkmale der Bildgestaltung erschließen sie die Situation und erfahren auf sinnlich-anschauliche Weise, wie tief und grausam in der Vorstellungswelt der Griechen die Götter in menschliches Leben eingreifen konnten.

Erläuterungen zu VORLAGE 1a. Das Gemälde zeigt die Opferung der jungen Iphigenie in Aulis durch den Priester Kalchas, die in Anwesenheit der Eltern und unter Beobachtung der Göttin Artemis (im Drama unter dem römischen Namen Diana) erfolgt. Das Kunstwerk (43 × 41 cm) hängt heute im Schlossmuseum Weimar. Es gehörte zu den Neuerwerbungen, die nach dem Brand des Weimarer Schlosses von 1774 in die fürstliche Kunstsammlung kamen, möglichweise sogar unter Federführung Goethes, der das Motiv der Opferung Iphigenies bereits 1786

VORLAGE 1a Giovanni Domenico Tiepolo, *Opfer der Iphigenie*, 1757

während seiner ersten Italienreise auf dem gewaltigen Fresco (350 × 700 cm) von Giovanni Battista Tiepolo und seinem Sohn Giovanni Domenico aus dem Jahr 1757 in der Villa Valmarana bei Vicenza gesehen hatte.

Iphigenie war mit der Aussicht auf eine Verlobung mit dem griechischen Halbgott und Königssohn Achill nach Aulis gelockt worden, wo die griechische Flotte vergebens auf günstigen Wind zur Überfahrt nach Troja wartete. Kalchas zufolge lag die Ursache der Flaute in einem Jagdfrevel Agamemnons. Nur durch die Opferung seiner ältesten Tochter könne der griechische Heerführer die Jagdgöttin Artemis/Diana versöhnen und so die Überfahrt und den Sieg über Troja sicherstellen. Die Rettung Iphigenies durch göttliches Eingreifen unmittelbar nach dem aufwühlenden Höhepunkt auf dem Gemälde wird durch einen kleinen Rehbock in der Nähe des Opfermessers angedeutet (vgl. *Iphigenie*, Reclam XL, S. 71 f., Anm. zu V. 420 f.).

Das Zentrum der dramatisch bewegten Darstellung wird gebildet von der durch helle Kleidung und Licht hervorgehobenen jungen Iphigenie. Sie sitzt auf einer steinernen Bank, vermutlich dem Opferaltar, und erwartet fast ohnmächtig vor Angst den tödlichen Stoß mit dem großen Opfermesser, den der hinter ihr stehende Priester Kalchas im nächsten Moment ausführen wird. Beide Figuren wirken mit ihrer körperlichen Nähe, ihrer gleichen Körper- und Kopfhaltung und ihrem gleichen Ausdruck der Verzweiflung in den Gesichtern wie eine tragische Schicksalsgemeinschaft, die – Opfer wie Opfernder – einem höheren Willen unterworfen ist. Dieser höhere Wille ist die Macht der Göttin Artemis/Diana, die zutiefst und grausam in menschliches Schicksal eingreift, hier dargestellt in der Spannung zwischen dem dramatischen Geschehen einerseits und der in entspannter, fast lässiger Haltung offenbar ungerührt zuschauenden Göttin andererseits.

Klytämnestra, die Mutter, bedeckt ihre Augen vor Jammer und versucht ihrer Tochter mit ihrem eigenen Körper und der vorgestreckten Hand letzte Nähe und Halt zu vermitteln. Dagegen wirkt der daneben stehende Agamemnon durch die aufrechte Haltung, seine in die Hüfte gestemmte Hand und seine Feldherrnrüstung eher distanziert, auch wenn er sein Gesicht vor Leid verhüllt. Seine ganze Haltung und die metallisch glänzende Rüstung verraten den kriegerischen Oberkommandierenden, der die korrekte Ausführung eines für sich und seine Familie furchtbaren Befehls zu überwachen scheint – im Dienste einer größeren Sache, des Rachefeldzugs gegen Troja. Die Göttin blickt wie aus einer anderen Welt keineswegs auf das zentrale dramatische Geschehen, den bevorstehenden Stoß mit dem Messer, sondern darüber hinweg in die Ferne, vielleicht auch auf Agamemnon, den sie disziplinieren und demütigen will, nachdem er ihre Herrschaftsansprüche verletzt hat.

Indem Tiepolo das menschliche Leid, das der grausame göttliche Befehl über die Familie gebracht hat, in einen offenkundigen Gegensatz zur gelassen den Triumph ihrer Rachsucht und Herrschaft genießenden Göttin stellt, gestaltet der Maler eine Entzweiung zwischen Menschen und Göttern und damit einen Riss im traditionellen Weltverständnis. Dazu trägt die Unverhältnismäßigkeit zwischen der grausamen Forderung der Göttin und deren Auslöser, dem Jagdfrevel Agamemnons, bei. Trotz der Rettung Iphigenies bleibt Artemis dem mykenischen König gegenüber gnadenlos, denn die Beteiligten werden zeitlebens im Glauben bleiben, dass er seine Tochter tatsächlich der Göttin geopfert habe – mit den bekannten Folgen für das spätere Schicksal der Familie.

Leitfragen:
- Klären Sie den mythologischen Hintergrund des Gemäldes.
- Ermitteln Sie aus der Darstellung der Figuren deren Haltung zum Geschehen.
- Erläutern Sie, wie der Künstler das Verhältnis der Menschen zur Gottheit gestaltet.

1.2 Der Artemis-Kult im antiken Griechenland (fakultativ)

EA (LV)

ARBEITSBLATT 1a
➤ S. 11

Unterrichtsschritt. Das ARBEITSBLATT 1a ***Der Artemis-Kult im antiken Griechenland*** informiert über Menschenopfer in der griechischen Mythologie und eine nachgewiesene oder vermutete entsprechende Praxis in einzelnen griechischen Städten. Blutige Initiationsrituale noch in klassischer Zeit waren demnach möglicherweise sublimierte Formen von Menschenopfern im Zusammenhang mit dem Artemis-Kult in grauer Vorzeit. Die Erfassung des Sachtextes, der einen historischen Kern sowohl der im Mythos überlieferten Vorgänge von Aulis als auch der Menschenopfer in Tauris nahelegt, erfolgt als Einzelarbeit (evtl. auch Schülerreferat; in der verkürzten Unterrichtsvariante als Lehrervortrag). Die Fülle an Informationen kann mit wenigen Fragen für das Stundenthema kanalisiert werden.

Leitfragen:
- Fassen Sie die Aussagen über Artemis zu einem Profil der Göttin zusammen.
- Welche Bedeutung wird der Emanzipation vom kultischen Ritual des Menschenopfers innerhalb der menschlichen Kulturgeschichte zugeschrieben?
- Erläutern Sie, in welcher Weise und zu welchem Zweck Euripides den (Tantaliden-)Mythos fortsetzt.

1.3 Der Beginn des Eingangsmonologs: Topografie und Situation (V. 1–14)

UG

VORLAGE 1b
➤ S. 9
Lösungs-
hinweise
➤ S. 105

Unterrichtsschritt. Vor der Lektüre des gesamten Eingangsmonologs erfolgt zunächst eine Hinführung durch textnahes Lesen (Close Reading) lediglich des ersten Abschnitts unter Verwendung der VORLAGE 1b ***Eingangsmonolog, V. 1–14***. Diese Fokussierung auf einen Textausschnitt, der zur gemeinsamen Textarbeit separat auf ein Board projiziert wird, löst Fragen aus, die unter Zuhilfenahme des Personenregisters (und der erläuternden Anmerkungen in *Iphigenie*, Reclam XL, unter Beachtung der Verweispfeile) geklärt werden. Dadurch verschafft sich die Lerngruppe einen frühen Überblick über den Handlungsort und bekommt einen ersten Einblick in die innere Handlung und die intime Kommunikationssituation des Monologs.

Erläuterungen zum Unterrichtsgespräch. Iphigenie tritt uns in diesem Eingangsmonolog offen, unverstellt gegenüber und lässt den Zuschauer an ihren höchst privaten, ihrer Umgebung gegenüber verheimlichten Gedanken teilnehmen und die Zwiespältigkeit ihrer Empfindungen miterleben. Ihr ›Arbeitsplatz‹ als Priesterin sind Tempel und Hain als der religiöse Bereich der Göttin, den sie stets »mit schauderndem Gefühl« (V. 4) betritt. Das Partizip Präsens wird im Unterrichtsgespräch lexikalisch und grammatikalisch bestimmt, so dass auch mit Hilfe der Wortfamilie (»Schauder«, »schauderhaft«), des Wortfelds (»erschrecken«, »Grausen empfinden«, »erschauern«, »sich ängstigen«) und der Vorinformationen aus 1.2 die Ursache dieser Empfindung geklärt wird:

- Iphigenies ›Arbeitsplatz‹ auf Tauris ist traditionell zugleich Altar für Menschenopfer, von deren einstweiliger Abschaffung wenig später Arkas berichtet (V. 122 ff.).
- Die grammatische Form »schauderndem« vergegenwärtigt (Partizip Präsens) Iphigenies Gefühl zu einem lebendigen Vorgang (Verb). Die Ersatzprobe mit einem Allerwelts-Adjektiv wie »ängstlich« verdeutlicht zudem, wie präzise und angesichts des Reichtums an Assoziationen anschaulich das Grausen vor einem solchen Ort sprachlich erfasst ist (»schaudern«: mndd. *schoden* ›schütteln, schütten‹, der ursprünglichen Bedeutung nach vergleichbar mit »schütteln«; vgl. Friedrich Kluge, *Etymologisches Wörterbuch der deutschen Sprache*, bearb. von Elmar Seebold, 23., erw. Auflage, Berlin / New York 1995, S. 714).

Mit den weiteren Ortsangaben wird die Spannweite der äußeren und inneren Situation Iphigenies umrissen: Das Adverb »hierher« (V. 6) verweist auf das ungeliebte Tauris; die Sehnsucht und Erinnerung gehören der Heimat Griechenland; Meer und Ufer benennen die Insellage und damit das Trennende. Einsamkeit und Selbstbezogenheit werden ferner deutlich durch die Zwiesprache mit den Baumkronen (»eure Schatten, rege Wipfel«, V. 1), vor allem aber durch die zahllosen Pronomen in der ersten Person Singular, darunter allein neun Personalpronomen in verschiedenen Kasus. Darüber hinaus werden Form und Sprache zunächst nur kurz charakterisiert: Sprachrhythmus auf der Grundlage eines regelmäßigen Metrums im Blankvers (= ungereimter fünffüßiger Jambus); hohe Stilebene; Kunstsprache; lange, kunstvoll verschachtelte Satzgefüge (hypotaktischer Satzbau bis hin zu Satzperioden); Klangmusikalität, Lautmalerei (V. 12–14).

VORLAGE 1b

Eingangsmonolog, V. 1–14

aus Johann Wolfgang Goethe: *Iphigenie auf Tauris* (1787)

IPHIGENIE. Heraus in eure Schatten, rege Wipfel
Des alten, heil'gen, dichtbelaubten Haines,
Wie in der Göttin stilles Heiligtum,
Tret ich noch jetzt mit schauderndem Gefühl,
Als wenn ich sie zum erstenmal beträte,
Und es gewöhnt sich nicht mein Geist hierher.
So manches Jahr bewahrt mich hier verborgen
Ein hoher Wille, dem ich mich ergebe;
Doch immer bin ich, wie im ersten, fremd.
Denn ach mich trennt das Meer von den Geliebten,
Und an dem Ufer steh ich lange Tage,
Das Land der Griechen mit der Seele suchend;
Und gegen meine Seufzer bringt die Welle
Nur dumpfe Töne brausend mir herüber.

1.4 Erschließung der Fortsetzung des Eingangsmonologs

Unterrichtsschritt. Nach der gemeinsamen Lektüre erarbeiten sich die Schülerinnen und Schüler mit Hilfe des ARBEITSBLATTS 1b ***Eingangsmonolog, V. 1–14, 23–53*** in Partnerarbeit einen Überblick über die Struktur und den Inhalt des gesamten Monologs und nähern sich dadurch den in der Sachanalyse dargestellten Inhalten. Indem sie das Muster aus 1.3 anwenden, üben sie Techniken der Texterschließung ein, gelangen zu ersten Erkenntnissen über das Verhältnis Iphigenies zu Diana und bereiten mit ihren Präsentationen (Dokumentenkamera o.ä.) das Unterrichtsgespräch vor (Lösungshinweise des ARBEITSBLATTS 1b im Anhang). Die zur Binnendifferenzierung (*) vorgesehene Frage 3 zum Vaterbild Iphigenies ermöglicht einen anspruchsvollen Transfer, zumal die Griechin ihren königlichen Vater trotz der traumatischen Erlebnisse in Aulis geradezu verherrlicht und im gleichen Atemzug die Göttin wegen deren damaligen Machtmissbrauchs (»Den du, die Tochter fodernd, ängstigtest«, V. 44) deutlich kritisiert und für die Vorgänge verantwortlich macht.

PA

ARBEITSBLATT 1b

➤ S. 13

Lösungshinweise

➤ S. 105

1.5 Erschließung des gesamten Eingangsmonologs und Ergebnissicherung

UG

TAFELBILD 1 ➤ S. 10

Unterrichtsschritt. Auf der Grundlage der Partnerarbeit stellt das Unterrichtsgespräch in sprachlich prägnanter und differenzierender Weise Schwerpunkte, Zusammenhänge und Transfers zu einem vertieften Textverständnis her, das im TAFELBILD 1 gesichert wird. Indem die Schülerinnen und Schüler die Textsignale eines Aufbegehrens erkennen, machen sie sich das Verhältnis Iphigenies zur Göttin als Spannung zwischen Fremdbestimmung und Anspruch auf Autonomie bewusst. Dadurch erarbeiten sie sich die Grundlage zum Verständnis des dramatischen Konflikts und zur späteren Einordnung des Dramas in Denkmuster der Aufklärung. Ferner erkennen sie den Monolog als dramatisches Mittel der Selbstaussage und erfahren seine Leistung, eine dramatische Figur von innen her in einer tieferen Dimension seines Wesens zu erfassen. Da die Lernenden wie bereits in der Hinführungsphase 1.3 auch Formen der Pronominalisierung als Möglichkeit der Texterschließung anwenden, vertiefen sie sprachliches Grundwissen.

Aufträge/Leitfragen im Unterrichtsgespräch:

- Tragen Sie Ihre Textkommentierungen vor und fassen Sie mit deren Hilfe jeweils einen Abschnitt zusammen.
- Erläutern Sie anhand der Pronomen den besonderen Stellenwert der beiden letzten Abschnitte.
- Beschreiben Sie das kritische Verhältnis Iphigenies zur Göttin. Welche Gründe für diese Kritik werden direkt oder indirekt erkennbar? Beachten Sie dabei besonders ihre Bewertung der Vorgänge von Aulis und ihr Bild von Agamemnon.
- Beschreiben Sie den Rollenwechsel Iphigenies im letzten Abschnitt des Monologs.
- Ermitteln Sie aus Ihren Ergebnissen, welche Möglichkeiten der Monolog als ein künstliches Selbstgespräch dem Dramendichter oder einem Drehbuchautor eröffnet.

TAFELBILD 1

Johann Wolfgang Goethe: *Iphigenie auf Tauris* (1787)

Eingangsmonolog (I,1): Iphigenies Verhältnis zu Diana

Dank (Rettung in Aulis) und Gehorsam (Priesterin auf Tauris)
(»Ein hoher Wille«, V. 8)

Aber:

- sie dient Diana gezwungenermaßen (»Widerwillen«, V. 16)
- sie kritisiert Dianas grausame Forderung in Aulis
- sie empfindet die Rettung als Entführung
- sie hinterfragt die Kompetenz der Götter (eigenes Schicksal, Rolle der Frauen)
- sie hofft auf Dianas Hilfe zur eigenen Rückkehr nach Griechenland
- sie betont die Zugehörigkeit zu ihrer Familie

➡ Spannung zwischen ihrem Anspruch auf freie Selbstbestimmung und ihrem Zustand von Unfreiheit und Abhängigkeit

Verbalisierte Zusammenfassung: Ein Monolog offenbart das Seelenleben einer dramatischen Figur. In der Klage über ihr Schicksal gelangt Iphigenie zu der Erkenntnis, dass sie nicht frei über sich selbst bestimmen kann, sondern zum Objekt eines fremden Willens geworden ist. Mit ihrem Anspruch auf Selbstbestimmung begehrt sie innerlich dagegen auf.

Hausaufgabe

Vorbereitende Lektüre des gesamten ersten Aufzugs (*Iphigenie*, Reclam XL, S. 5–20).

Der Artemis-Kult im antiken Griechenland

Die Opferung Iphigenies in Aulis für die Göttin Artemis ist neben den Sagen vom Minotaurus[1] oder von Polyxena[2] der bekannteste griechische Menschenopfer-Mythos. Ob Menschenopfer bei den alten Griechen nicht nur in der Welt der Sagen, sondern tatsächlich als eine extreme Form des Blutopfers stattfanden, ist wissenschaftlich nicht eindeutig geklärt. Angesichts der Vorbildlichkeit der griechischen Kultur auf Gebieten wie Kunst, Literatur, Musik, Naturwissenschaft, Philosophie oder Politik galt ein solcher Gedanke lange als unvorstellbar. Etlichen Quellen zufolge gab es jedoch in einigen griechischen Städten lange das Ritual des Pharmakós, eines archaischen Reinigungsprozesses durch Menschenopfer bei Seuchen, Hungersnot, Krieg oder anderen Krisen, praktiziert als schwere körperliche Züchtigung mit anschließender Vertreibung des Schwerverletzten, als Sturz von einem Felsen oder in weiteren Formen. Durchgeführt wurde der Pharmakós mit verurteilten Schwerverbrechern, Kriegsgefangenen, Sklaven, wohl auch mit Mitbürgern aus sozial verachteten Randgruppen. Eine solche Form des Menschenopfers vereinigte gleich drei wichtige Funktionen: die kultische Reinigung durch die entsprechende Kraft des vergossenen Bluts, die Ausstoßung eines Opfers, auf das die Ursache der Krise projiziert wurde, aus der Gemeinschaft und die Stärkung des Zusammenhalts dieser nunmehr »gesäuberten« Gemeinschaft durch die gemeinsam begangene oder erlebte Tat.

Der Opferkult für Artemis zählte zu den grausamsten innerhalb der griechischen Blutopfer, die in der Regel mit warmblütigen Säugetieren wie Stieren, Schafen, Ziegen oder Schweinen durchgeführt wurden. Die Zwillingsschwester Apollos war die Göttin der Jagd, der Natur und der Wildnis, später auch des Monds, und zugleich die Anführerin der Nymphen. Sie war die Herrin der Waldtiere, von denen ihr einige, vor allem der Hirsch, heilig waren. Der bekannteste aller ihr geweihten Tempel war der Artemis-Tempel in Ephesos, der zu den sieben Weltwundern zählte. Die unnahbare, jungfräuliche Göttin galt als streng, wild und grausam. Als Hüterin der Kinder und Frauen und damit der Gebärenden gab sie nicht nur Leben, sondern konnte es auch einfordern. »Zur Löwin für die Frauen hat dich Zeus gemacht, zu töten, welche du willst«, sagt Hera zu Artemis.[3] Geradezu bestialisch ist ihre Rolle in der Sage von Niobe. Diese hatte Artemis' Mutter, die Titanin und Zeus-Geliebte Leto, beleidigt und wurde von Artemis und Apoll bestraft, indem das Zwillingspaar innerhalb von zwei Tagen alle vierzehn Kinder der korinthischen Königin ermordete.

Im Artemis-Heiligtum Brauron auf Attika mussten adlige, später alle Mädchen Athens einige Zeit verbringen, um auf ihre Rolle als erwachsene Frauen vorbereitet zu werden. Tempeldienst, Opfergaben und Initiationsrituale galten dabei als Freikauf von der Macht der jungfräulichen Göttin, aber »hinter der Mädcheninitiation

1 Alle neun Jahre musste Athen dem König von Kreta als Tribut eine Anzahl von Jungfrauen und Jünglingen schicken, die dort dem Menschen fressenden Stier Minotaurus geopfert wurden.

2 Nach dem Fall Trojas wurde die trojanische Königstochter Polyxena dem toten Achilleus an dessen Grab geopfert.

3 Walter Burkert, *Griechische Religion der klassischen und archaischen Epoche*, 2., überarb. und erw. Ausg., Stuttgart 2010, S. 234.

erscheint als noch tiefere Schicht das Bild vom Mädchenopfer […]. In der Tat ist und bleibt Artemis eine Herrin der Opfer, gerade der grausamen, blutigen Opfer. Das Artemis-Bild, das Orestes zusammen mit Iphigenie aus dem Taurerland entführte, verlangt nach Menschenblut. So lässt man es nach Halai Araphenides in Attika kommen, wo im Fest der Artemis Tauropolos einem Menschen der Hals blutig geritzt wird, aber auch nach Sparta, wo im Ortheia-Fest das Blut der Knaben fließt[4] […]. In der rituellen Grausamkeit ragt in die Stadtkultur etwas von der uralten Härte vorzivilisatorischer Existenz. Die Griechen haben dies gerne mit den barbarischen Taurern im fernen Norden verbunden, ohne doch die Identität dieser Göttin mit der munteren Anführerin der Nymphen zu bestreiten.«[5]

Die Initiationsrituale für Mädchen und andere blutige Bräuche des Artemis-Kults noch im klassischen Griechenland waren also möglicherweise die bereits sublimierten, also kulturell verfeinerten Formen eines früheren Gottesdienstes mit Menschenopfern in vorgeschichtlicher Zeit. Mit dem zunehmenden Humanitätsgedanken waren den Griechen grausame Blutrituale in ihren religiösen Gebräuchen allmählich peinlich geworden, wohl auch unter dem Druck einer entsprechenden Oppositionsbewegung. Generell gilt in der menschlichen Kulturgeschichte die Ersetzung des Menschenopfers in den entsprechenden Kulturen durch Tieropfer als ein wichtiger Schritt zur Kulturentwicklung. Denn mit dieser symbolischen Stellvertretung löst sich der Mensch von kultischen Traditionen und nimmt sich die Freiheit, sein Verhältnis zu den angebeteten Naturmächten neu und selbst zu bestimmen.[6] Offenbar wird genau dieser Übergang mit der verhinderten Opferung Iphigenies in der Sage von Aulis thematisiert.

Die – etwa bei Herodot – als wild und grausam verrufenen skythischen Taurer boten sich den Griechen als ideale Projektionsfläche für die Erinnerung an Grausamkeiten im eigenen religiösen Brauchtum an. Indem ihnen kultische Traditionen wie das Menschenopfer unterstellt wurden – offenbar zu Recht, wie man heute annimmt –, konnte die mittlerweile erreichte eigene zivilisatorische Überlegenheit gegenüber diesem Volk von Hirten und Viehzüchtern auf der Halbinsel Krim, also am Rand der damaligen Welt, herausgestellt werden. In Euripides' Drama *Iphigenie bei den Taurern* (um 412 v. Chr.), auf das Goethes *Iphigenie auf Tauris* zurückgeht, rauben Iphigenie und Orest das Altarbild der Artemis aus Tauris und befreien damit nicht nur die Göttin aus »barbarischer« Gefangenschaft, sondern auch noch eine Anzahl griechischer Frauen, die, zum Tempeldienst gezwungen, das blutige Menschenopfer vollziehen mussten. Euripides hatte allerdings diese Fortsetzung des ursprünglichen Mythos und damit die Rückkehr Iphigenies von Tauris nach Griechenland »unter Benutzung attischer Lokaltraditionen« selbst erfunden.[7]

4 Auf dem riesigen Altar der Gottheit, einer Personalunion aus Artemis und Ortheia, wurden in einem Initiationsritual die spartanischen Knaben so blutig geschlagen, dass ihr Blut auf den Altar tropfte. Das konservative Sparta war ohnehin berüchtigt für eine ungebrochene Tradition kultischer Rituale.

5 Burkert (Anm. 3), S. 234 f.

6 Achim Geisenhanslüke, *Johann Wolfgang Goethe. Iphigenie auf Tauris: Interpretation*, München 1997, S. 34.

7 Friedrich Schwenn, »Die Menschenopfer bei den Griechen und Römern«, in: *Religionsgeschichtliche Versuche und Vorarbeiten*, Bd. 15, H. 3, Gießen 1915, S. 98.

Eingangsmonolog, V. 1–14, 23–53

aus Johann Wolfgang Goethe: ***Iphigenie auf Tauris*** **(1787)**

IPHIGENIE. Heraus in eure Schatten, rege Wipfel
Tempel und Hain als Arbeitsplatz der Priesterin
Des alten, heil'gen, dichtbelaubten Haines,
Wie in der Göttin stilles Heiligtum,
Tret ich noch jetzt mit schauderndem Gefühl,
→ tägliche Erinnerung an Menschenopfer in Tauris
Als wenn ich sie zum erstenmal beträte,
Und es gewöhnt sich nicht mein Geist hierher.
→ Gefühl von Fremdheit im taurischen Exil
So manches Jahr bewahrt mich hier verborgen
Ein hoher Wille, dem ich mich ergebe;
→ Unterwerfung unter den Willen der Göttin (?)
Doch immer bin ich, wie im ersten, fremd.
Denn ach mich trennt das Meer von den Geliebten,
Personal-/Possessivpronomen 1. Pers. Sg.:
Und an dem Ufer steh ich lange Tage,
Ich-Botschaft, Subjektivität
Das Land der Griechen mit der Seele suchend;
Und gegen meine Seufzer bringt die Welle
Nur dumpfe Töne brausend mir herüber.
Einsamkeit und Wunsch nach Heimkehr
[…]
Ich rechte mit den Göttern nicht; allein
Der Frauen Zustand ist beklagenswert.
Zu Haus und in dem Kriege herrscht der Mann
Und in der Fremde weiß er sich zu helfen.
Ihn freuet der Besitz; ihn krönt der Sieg;
Ein ehrenvoller Tod ist ihm bereitet.
Wie eng-gebunden ist des Weibes Glück!
Schon einem rauen Gatten zu gehorchen,
Ist Pflicht und Trost; wie elend, wenn sie gar
Ein feindlich Schicksal in die Ferne treibt!
So hält mich Thoas hier, ein edler Mann,
In ernsten, heil'gen Sklavenbanden fest.

O wie beschämt gesteh ich, dass ich dir
Mit stillem Widerwillen diene, Göttin,
Dir meine Retterin! Mein Leben sollte
Zu freiem Dienste dir gewidmet sein.
Auch hab ich stets auf dich gehofft und hoffe
Noch jetzt auf dich Diana, die du mich,
Des größten Königes verstoßne Tochter,
In deinen heil'gen, sanften Arm genommen.

Ja, Tochter Zeus', wenn du den hohen Mann,
Den du, die Tochter fodernd, ängstigtest;
Wenn du den göttergleichen Agamemnon,
der Dir sein Liebstes zum Altare brachte,
von Trojas umgewandten Mauern rühmlich
Nach seinem Vaterland zurückbegleitet,
Die Gattin ihm, Elektren und den Sohn,
Die schönen Schätze, wohl erhalten hast;
So gib auch mich den Meinen endlich wieder,
Und rette mich, die du vom Tod errettet,
Auch von dem Leben hier, dem zweiten Tode.

Arbeitsaufträge:

1. Kennzeichnen Sie analog zum ersten Abschnitt den Inhalt der weiteren Abschnitte oder einzelner Textpassagen mit Überschriften oder in Stichworten (schriftlich).
2. Klären Sie mit ihrem Partner das ambivalente (zwiespältige) Verhältnis Iphigenies zu Diana (mündlich).

*3. Untersuchen Sie Iphigenies Vaterbild.

2 Den Konflikt zwischen Iphigenie und Thoas erfassen

Sachanalyse

Dem Heiratsantrag des Thoas, angekündigt durch seinen Vertrauten Arkas, gehen in I,2 zahlreiche Informationen über das segensreiche Wirken Iphigenies im Taurerreich voraus. Entgegen seiner Behauptung, »[d]er Skythe setzt ins Reden keinen Vorzug« (V. 164), erweist sich Arkas als geistig beweglicher und rhetorisch gewandter Unterhändler, der auch heikle, persönliche Dinge anspricht wie Iphigenies jahrelange Verschlossenheit (»wie mit Eisenbanden bleibt die Seele / Ins Innerste des Busens dir geschmiedet«, V. 72 f.) und die emotionale Kälte, die von ihr ausgehe (»der Blick, vor dem ich immer schaudre«, V. 71). Geschickt begegnet er der Klage Iphigenies über ihr unglückliches Leben[1] mit dem Vorwurf von Undankbarkeit und erinnert sie an das großzügige Gastrecht, das ihr auf Tauris gewährt wurde. Dafür erwarte der Gastgeber allerdings auch »Dank, / Um dessentwillen man die Wohltat tut; / Den frohen Blick, der ein zufriednes Leben / Und ein geneigtes Herz dem Wirte zeigt« (V. 93–96). Ihrem Kummer über die Sinnlosigkeit ihres Aufenthalts auf Tauris, der einem Warten auf den Tod gleichkomme, stellt er die Erfolge ihrer missionarischen Tätigkeit entgegen, vor allem die Beendigung der Tradition des Menschenopfers und den Wandel der bisher strengen Herrschaft des Königs zu einem milderen Führungsstil (V. 135–137). Durch Arkas' Ausführungen zu den persönlichen und innenpolitischen Problemen des Thoas, die wenig später noch von diesem ergänzt werden, erhält der Skythenkönig mit seiner Trauer, seinen Sorgen, seiner Einsamkeit ein sehr menschliches Antlitz. Mit seinem persönlichen Auftreten in dem folgenden Auftritt I,3, seiner Sprache, die die Sprache des klassischen Dramas ist, und der Offenheit, mit der er in einem zarten Vergleich über seine Zuneigung zu Iphigenie spricht (»wie mit Zauberbanden / Gefesselt«, V. 514 f.), wirkt er zunächst keineswegs wie der Herrscher eines Reichs, in dem das barbarische Ritual des Menschenopfers erst seit kurzer Zeit ausgesetzt wurde. Auch die Geduld, mit der er Iphigenies ausführlichem Bericht über die Gräueltaten ihrer fluchbeladenen Vorfahren zuhört, spricht für die Bereitwilligkeit des befehlsgewohnten Königs und siegreichen Feldherrn, die Regeln eines zivilisierten Umgangs zu wahren, zumal sich die erhoffte Braut als Königstochter aus einer legendären Herrscherdynastie erweist. Als diese aber begreift, dass weder die Abschreckungsstrategie mit ihrer Herkunft noch der Vorwand, allein Diana habe »das Recht auf [ihr] geweihtes Leben« (V. 439), bei Thoas verfangen, und sie schließlich in einem Appell (»O sendetest du mich auf Schiffen heim!«, V. 461) ihre tief empfundene Abneigung offenbart, verliert er die Beherrschung und beschimpft sie in derber Weise: »Sei ganz ein Weib und gib / Dich hin dem Triebe, der dich zügellos / Ergreift und dahin oder dorthin reißt« (V. 465–467). Opfer der eigenen Leidenschaft ist allerdings viel mehr der in seinen Gefühlen getroffene, in seiner Mannesehre gekränkte und seinem Herrscherverständnis verletzte Skythenkönig als die Tantalidin, die eine Ehe mit Thoas auch deshalb ablehnen muss, »weil sie sich überhaupt gegen die Rolle der Frau im weithin glück- und ehrlosen Schatten des Mannes sträubt (vgl. V. 24–34). Die selbstbewusste Virginität, ja Viraginität Iphigenies, die entschlossene Selbstbewahrung ihrer Person, prägt ihr Verhältnis zu Göttern wie Menschen«.[2]

Im stichomythisch zugespitzten Höhepunkt nimmt die Schärfe des Dialogs mit gegenseitigen, oft ironisch oder sarkastisch vorgebrachten Vorwürfen und Beleidigungen vor allem dort zu, wo es, stellvertretend für die von den Dialogpartnern repräsentierten Kulturstufen, um die jeweiligen Gottesvorstellungen geht: »THOAS. Dein heilig Amt und dein geerbtes Recht / An Jovis Tisch bringt dich den Göttern näher, / Als einen erdgebornen Wilden« (V. 500 f.). Beide sind erfinderisch darin, ihre Entscheidungen in einen angeblichen Einklang mit dem Willen der Götter zu bringen, etwa wenn Iphigenie die Zurückweisung des Heiratsantrags als göttlichen Auftrag interpretiert (»Und hier dank ich den Göttern, dass sie mir / Die Festigkeit gegeben, dieses Bündnis / Nicht einzugehen, das sie nicht gebilligt«, V. 490–492) oder wenn Thoas den Tod seines Sohnes auf das unterbrochene Menschenopfer zurückführt. Götter sind zu Projektionen der eigenen Überzeugungen geworden und werden für die eigenen Interessen instrumentalisiert: Wenn Thoas das Blutritual erneuern will, ist es offenkundig ein Akt der Willkür des befehlsgewohnten Skythenherrschers, der kein Problem damit zu haben scheint, seinen Herrscherwillen gegenüber der Königstochter mit den Mitteln der Barbarei durchzusetzen, obwohl er der griechi-

1 Diese Klage zeigt nach Rasch erneut, »daß Iphigenie nicht einwilligt in den Willen der Göttin« (Wolfdietrich Rasch, *Goethes Iphigenie auf Tauris als Drama der Autonomie*, München 1979, S. 98).

2 Dieter Borchmeyer, »Iphigenie auf Tauris«, in: *Interpretationen. Goethes Dramen*, hrsg. von Walter Hinderer, Stuttgart 1992 [u. ö.], S. 138.

schen Braut gerade durch diese Erpressung seine Wesensart als »Wilde[r]« (V. 501) bestätigt. Seine Begründung mit einer angeblichen Forderung seines Volks ist erfunden (vgl. V. 1468–74), seine Behauptung, die Unterbrechung der Menschenopfer sei »Unrecht« (V. 507), weil die Göttin einen Anspruch darauf habe (»dass ich ihr [...] / Die alten Opfer vorenthalten habe«, V. 506–508), wird von Iphigenie mit dem Vorwurf zurückgewiesen, er projiziere »nur / Die eignen grausamen Begierden« (V. 524 f.) auf die Götter. Überdies besitzt sie mit ihrer eigenen wunderbaren Rettung einen geradezu »empirischen« Beweis für ihre Überzeugung vom humanen Geist der Göttin. Doch Thoas besteht auf der Erneuerung des barbarischen Rituals als Erfüllung einer »Pflicht« (V. 531) und bedroht Iphigenie nun als weltlicher Machthaber »auf eine Art, die sie besonders empfindlich trifft, nämlich durch die Nötigung, Unrecht zu tun, zu töten, ihre moralische Integrität aufzugeben. Das trifft sie im innersten Kern ihrer Natur, und auf zweifache Weise: weil sie ein Verbrechen begehen soll und weil sie dazu gezwungen wird. Ihre Moralität und ihre Autonomie werden verletzt.«[3]

Die Art, wie der König die Erneuerung des Blutrituals recht unverhohlen als Druckmittel für seine persönlichen und politischen Interessen einsetzt, desavouiert seine religiöse Begründung. Sein Insistieren auf dem königlichen Befehl verlangt blinden Gehorsam und entlarvt damit absolutistische Willkürherrschaft als vernunftwidrig im Sinne der Aufklärung: »Thoas verlangt [...] von der Priesterin, ihrem ›Dienste‹ (V. 1855) unter Ausschaltung des eigenen moralischen Urteils zu gehorchen – mithin die Preisgabe der Maximen der Aufklärung, denen Iphigenie treu bleibt, auch wenn sie sich nicht auf die Vernunft, sondern nach empfindsamem Sprachgebrauch auf das ›Herz‹ als Mitte ihres Wesens und Prüfstein des Rechten und Guten beruft: ›Ich untersuche nicht, ich fühle nur.‹ (V. 1650).«[4] Am Ende wird klar, dass beide, Iphigenie wie Thoas, keineswegs als Objekte eines göttlichen Willens denken und argumentieren, sondern als Subjekte, die mit ihren humanen oder barbarischen Weltbildern entsprechende Götterbilder projizieren. In dem sich abzeichnenden Konflikt wird zugleich deutlich, dass diese Götterbilder unlösbar verbunden sind mit Vorstellungen vom Menschen und von politischen Systemen, die diesen Menschenbildern entsprechen.

3 Rasch (Anm. 1), S. 108.

4 Borchmeyer (Anm. 2), S. 142.

Unterrichtsverlauf

Überblick. Drei unterschiedliche Interpretationen des Taurerkönigs in Theateraufführungen inspirieren die Schülerinnen und Schüler dazu, ihre eigenen Lesarten zu Thoas zu artikulieren und in eine Entscheidung einzubringen. In gemeinsamer Textarbeit (2.2) ergänzen und differenzieren sie ihre Vorstellungen und erkennen hinter den auf Tauris eingeleiteten Reformen den zivilisatorischen Einfluss der Priesterin. Dieses Hintergrundwissen lässt die Lerngruppe den Dialog zwischen Iphigenie und Thoas (2.3) in seiner vielschichtigen Bedeutung erfahren. Der Lernzugewinn wird anhand eines antiken Freskos vertieft und in einem produktionsorientierten Verfahren gefestigt. **! Verkürzter Verlauf: 2.1 – 2.2 – 2.3**

Phase	Thema	Sozialform	Kompetenzen und Lernziele	Materialien
Voraussetzung: Kenntnis des gesamten ersten Aufzugs				
2.1	Einstiegsphase: Die Darstellung des Taurerkönigs in drei Theater-Inszenierungen	PA / UG	• Theaterinszenierungen analysieren, reflektieren • Vergleich und Diskussion individueller Lesarten eines Textes	ARBEITSBLATT 2 ➤ S. 21
2.2	Zwischen Barbarei und Zivilisation: Thoas und die Taurer (I,2 und I,3; V. 226–243)	UG	• Texthinweise zu einem Bild der Taurer und ihres Königs ordnen	TAFELBILD 2 (Teil 1) ➤ S. 18
2.3	Iphigenie und Thoas im kontroversen Dialog (V. 433–537)	UG	• Dramaturgische Mittel eines Dialogs erkennen • Die Instrumentalisierung einer Gottesvorstellung im Zusammenhang mit eigenen Interessen und Weltbildern begreifen	TAFELBILD 2 (Teil 2) ➤ S. 19

2.4 **fakultativ**	Das Verhältnis des Menschen zu den Göttern im griechischen Mythos	PA / UG	• Den Lernstoff durch Vergleich vertiefen und den modernen Ansatz Goethes erkennen	VORLAGE 2 ➤ S. 20
2.5 **fakultativ**	Vertiefung: Darstellung der innenpolitischen Verhältnisse auf Tauris in modernen Schreibformen	GA	• Anwenden des Gelernten in neuer Situation • Informierende bzw. appellierende Texte sachgerecht verfassen	

2.1 Einstiegsphase: Die Darstellung des Taurerkönigs in drei Theater-Inszenierungen

PA / UG

ARBEITSBLATT 2
➤ S. 21

Unterrichtsschritt. Die Schülerinnen und Schüler kennen den ersten Aufzug, in dem der Taurerkönig zunächst aus unterschiedlichen Perspektiven (Iphigenie, Arkas) wahrgenommen wird. Sein persönliches Auftreten zeigt einen nur mühsam beherrschten Willkürherrscher, hinter dessen Bereitschaft zu offener, persönlicher Kommunikation sich rasch der sture Despot offenbart. – Eine erste Annäherung der Lerngruppe an die Dramenfigur erfolgt über das ARBEITSBLATT 2 ***Thoas auf der Bühne: Der Taurerkönig in drei Theater-Inszenierungen***. Die hier beschriebenen Bühnenrealisierungen der Dramenfigur ermöglichen es den Schülerinnen und Schülern, ihre eigenen Bilder in einen inneren Dialog mit den Inszenierungen zu bringen und anschließend nach dem Austausch mit dem Partner in der gesamten Lerngruppe vorzustellen. Die Qualität der textbezogenen Begründungen in der Lerngruppe informiert die Lehrkraft zugleich über den Umfang der Textarbeit, die ab 2.2 zu leisten ist. Bei der Diskussion sollte die Glaubwürdigkeit der Drohungen des Taurers und damit die Präsenz der Barbarei eine zentrale Rolle spielen, um ein Entrücken des Lerngegenstands in eine immaterielle Bildungssphäre zu verhindern. – Die Ansicht einiger Interpreten (z.B. Fritz Hackert, »Iphigenie auf Tauris«, in: *Interpretationen. Goethes Dramen*, hrsg. von Walter Hinderer, Stuttgart 1980, S. 157 ff.), dem Taurerkönig sei ein Rückfall in Menschenopfer keineswegs zuzutrauen, scheint zu sehr vom Ausgang und der sprachlichen Form des Dramas her gedacht zu sein und würde sich für den Unterricht als kontraproduktiv erweisen. Denn mit der hier vorgeschlagenen sukzessiven Lektüre des Dramas ist es möglich, die durch Thoas' Befehl in I,3 ausgelöste Offenheit eines Rückfalls in Barbarei als dramatische Spannung für den Unterrichtsverlauf zu bewahren.

Leitfrage:
- Beurteilen Sie die Interpretationen des Thoas in den drei *Iphigenie*-Inszenierungen und begründen Sie Ihre Bewertung mit Ihren Leseeindrücken aus dem ersten Aufzug des Dramas.

2.2 Zwischen Barbarei und Zivilisation: Thoas und die Taurer (I,2 und I,3; V. 226–243)

UG

TAFELBILD 2 (Teil 1)
➤ S. 18

Unterrichtsschritt. Der Anstoß zum Unterrichtsgespräch kann erfolgen über Iphigenies Klage, auf Tauris nur »[e]in unnütz Leben« (V. 115) zu fristen, das einem traurigen Warten auf den Tod gleichkomme. Denn damit evoziert sie den Widerspruch des Arkas, über dessen Antwort (V. 117–171) die Veränderungen rekonstruiert werden können, die Iphigenie in ihrem humanen Wirken bisher auf Tauris ausgelöst hat. Der Erfolg ihrer Tätigkeit und die Wertschätzung durch Arkas stehen im Widerspruch zu ihrer düsteren Grundstimmung (V. 106–116 und V. 144 f.). Die Ergebnisse werden im TAFELBILD 2 (Teil 1) festgehalten; es wird später ergänzt durch die Offenbarungen des Thoas gegenüber Iphigenie hinsichtlich seiner innenpolitischen Probleme und seiner persönlichen Situation, mit denen er den Heiratsantrag vorbereitet (V. 226–243).

Die Schülerinnen und Schüler erschließen sich aus den Ausführungen des Arkas eine Vorstellung von den erheblichen zivilisatorischen Veränderungen, die Iphigenie mit Hilfe ihres Einflusses auf den König im Reich der Taurer angestoßen hat. Sie erkennen in dem Bruch mit Traditionen, die einem Humanitätsgedanken entgegenstehen, eine wesentliche Voraussetzung für geschichtlichen Fortschritt. Sie begreifen, dass aus der dankbaren Verehrung, die Iphigenie durch die taurische Bevölkerung erfährt, auch eine Verpflichtung zur Fortsetzung ihres missionarischen Wirkens erwächst, die sie aus persönlichen Gründen (vgl. Eingangsmonolog) nicht wahrhaben will. Indem die Schülerinnen und Schüler anhand der Textarbeit ihr Bild des

Taurerkönigs über die Erstrezeption und die Einstiegsphase hinaus ergänzen, veranschaulichen sie sich die Dramenfigur und den hier angelegten dramatischen Konflikt zu einer »gegenständlichen Sinnlichkeit« (Theodor W. Adorno).

Leitfragen:

- Alle drei Inszenierungen (vgl. ARBEITSBLATT 2) interpretieren Thoas mit unterschiedlicher Gewichtung als eine Figur zwischen Barbarei und Zivilisation. Versuchen Sie anhand von Textstellen aus dem Auftritt I,2 (Iphigenie, Arkas) Belege dafür zu finden.
- Rekonstruieren Sie angesichts der Reformen bzw. Veränderungen, die Iphigenie bewirkt hat, die politischen Verhältnisse in Tauris vor ihrer Zeit.
- Klären Sie die politischen und persönlichen Probleme Thoas' anhand V. 226–243, und charakterisieren Sie sein Verhältnis zu Iphigenie.

TAFELBILD 2 (Teil 1)

Zwischen Barbarei und Zivilisation: Thoas und die Taurer

Vergangenheit	• strenge, autoritäre Herrschaftsform (»Gehorsams Pflicht«, V. 137) • Menschenopfer als religiöse Tradition (»jeder Fremde«, V. 123)
Gegenwart	Veränderungen durch die Griechin Iphigenie: • Herrschaftsstil (»Milde«, V. 135) • innenpolitisches Tauwetter (»Des neuen Glückes«, V. 141) • Beendigung des Menschenopfers
Aktuelle Probleme des Thoas	• fehlender Thronnachfolger als innenpolitisches Problem • Trauer, Einsamkeit als persönliches Schicksal
Sein Plan	• Heirat mit Iphigenie, notfalls mit erpresserischer Gewalt: Erneuerung des Menschenopfers

2.3 Iphigenie und Thoas im kontroversen Dialog (V. 433–537)

UG

TAFELBILD 2 (Teil 2) ➤ S. 19

Unterrichtsschritt mit Erläuterungen. Die Klärung des Kontexts im Unterrichtsgespräch führt zu den vergeblichen Versuchen und Strategien der Iphigenie, den Heiratsantrag begründet zurückzuweisen, was Thoas als Ausflüchte (vgl. V. 449) entlarvt. Da der Tantalidenfluch Gegenstand der folgenden Unterrichtssequenz sein wird, können Details hier vorerst ausgespart werden. Die Lektüre V. 433–537 im szenischen Lesen vermittelt einen Eindruck vom kontroversen Disput der Dialogpartner, deren Leidenschaften von der klassischen Sprache kaum noch gebändigt werden, so dass die Lerngruppe die Beleidigungen durch Beschimpfung (V. 463–474, V. 479 f.), Anmaßung (V. 485, V. 490–492), Zurechtweisung (V. 496, V. 498), Ironie (V. 497), Sarkasmus (V. 499–501), Gekränktsein als Vorwurf (V. 501 f.) rasch erkennen wird. Der Fachbegriff »Stichomythie« (Adj. »stichomythisch«) wird als »versweise wechselnde Rede und Gegenrede (›Zeilenrede‹) im dramatischen Dialog« geklärt. Mit dem Übergang des zunächst freien zu einem hierarchischen Dialog (ab V. 503) findet ein Rollenwechsel des Brautwerbers zum Machthaber statt, der Iphigenie schließlich in ihrer Rolle als Priesterin einen Befehl erteilt. Mit der Erfahrung, wie Götter hier zu Projektionen der kontroversen Interessen und Weltbilder werden, erarbeiten sich die Schülerinnen und Schüler eine wichtige Grundlage zum Verständnis des Dramas. Aus den konträren Positionen der Dialogpartner erschließen sie sich die Konsequenzen der jeweiligen Götterbilder für die menschliche Gesellschaft und das Individuum und entwickeln eine erste Vorstellung hinsichtlich der Bedeutung von Autonomie und Moralität für die Ideen der Aufklärung. Das Ergebnis wird in TAFELBILD 2 (Teil 2) festgehalten.

Leitfragen:
- Wie ist es zu erklären, dass aus dem missglückten Heiratsantrag eine leidenschaftlich geführte Grundsatzdiskussion über die Götter entsteht?
- Weisen Sie die Hitzigkeit der Auseinandersetzung an Beispielen aus dem stichomythischen Höhepunkt des Dialogs nach.
- Vergleichen Sie das Dialogverhalten des Thoas am Schluss des Auftritts mit der Dialogführung im stichomythischen Höhepunkt.
- Untersuchen Sie die Begründungen Thoas' für die Erneuerung des Menschenopfers unter Berücksichtigung des situativen Kontexts dieser Anordnung.
- Erläutern Sie Iphigenies Gegenposition und die Rolle des Menschen in ihrem Weltbild.

TAFELBILD 2 (Teil 2)

Zwischen Barbarei und Zivilisation: Thoas und die Taurer

[...]

Kontroverser Dialog Thoas/Iphigenie	Götter als Projektionen der eigenen Weltbilder: • Iphigenie: humane Götter = zivilisierte, humane Weltordnung; menschliche Vernunft / empfindsames Herz als Maßstab = Autonomie und moralische Verantwortung des Menschen • Thoas: archaische Götter = barbarische, inhumane Weltordnung; Berufung auf die religiöse Tradition = Abhängigkeit des Menschen von göttlicher Willkür

2.4 Das Verhältnis des Menschen zu den Göttern im griechischen Mythos (fakultativ)

PA / UG

Unterrichtsschritt. Die Schülerinnen und Schüler erfassen an der Figurengestaltung auf dem Fresko ***Opferung der Iphigenie in Aulis*** (VORLAGE 2) die kritik- und widerstandslose Unterwerfung des Menschen unter einen grausamen göttlichen Willen als Auslöser für Barbarei. – Im Vergleich zu den bisherigen Ergebnissen der Dramenanalyse begreifen sie die neue Rollenverteilung zwischen Göttern und Menschen, die bereits in der Exposition der *Iphigenie* zu erkennen ist, als einen modernen Ansatz Goethes.

VORLAGE 2
➤ S. 20

Leitfragen:
- Auf diesem Fresko aus Pompeji ist dargestellt, wie Iphigenie von Odysseus und Menelaos zur Opferung getragen wird. Rechts wartet der Priester Kalchas, links steht Agamemnon, der als Zeichen der Trauer und Verzweiflung sein Haupt verhüllt. Beschreiben Sie den Vorgang, und beachten Sie besonders die Figurengestaltung durch den Künstler.
- Interpretieren Sie die Blickrichtung und den Gesichtsausdruck der Figuren.

Erläuterungen zum Bild. Iphigenie wird von Odysseus und Menelaos zur Opferung getragen. Rechts wartet Kalchas, links steht Agamemnon. Die Blicke von Odysseus, Iphigenie und Kalchas sind auf die Skulptur der Göttin Artemis auf einer Säule gerichtet, die in traditioneller Weise mit zwei Jagdhunden dargestellt ist. Odysseus und Menelaos schleppen Iphigenie wie ein Stück Schlachtvieh zur Opferung und haben dabei jegliche königliche Würde verloren. Körperhaltung und Bewegung der beiden verraten Eile und Heimlichkeit, etwa wenn Menelaos wie gehetzt seitwärts blickt, als wolle er sich vergewissern, bei der Opferung seiner Nichte Iphigenie nicht beobachtet zu werden. Die Unschuld des Opfers wird betont durch den weißen, mädchenhaften Körper der noch sehr jungen Iphigenie und die Gebärde ihrer Arme und Hände, die in zeitloser Zeichensprache Hilflosigkeit, Unschuld, Unverständnis und auch Vorwurf gegenüber der Göttin ausdrücken. Die Blickperspektiven Iphigenies, Odysseus' und Kalchas' von unterhalb auf die erhöhte Götterstatue verdeutlichen, gemeinsam mit der Durchführung der göttlichen Weisung, die Macht der Göttin über die Menschen, aber der Ausdruck der Gesichter, selbst der des Priesters Kalchas, zeigt Verständnislosigkeit gegenüber dem grausamen göttlichen Befehl, der dennoch

VORLAGE 2 Opferung der Iphigenie in Aulis, spätes 1. Jh. n. Chr.

Fresko im Haus der Tragischen Dichter in Pompeji (heute MANNeapel).

Die Darstellung ist vermutlich dem Bild des antiken griechischen Malers Timanthes (2. Hälfte des 5. Jh.s v. Chr.) nachempfunden.

umgesetzt wird. Der antike Maler gestaltet daher keineswegs einen Einklang der Menschen mit dem Göttlichen, sondern Skepsis und eine kritische Haltung gegenüber göttlicher Willkür. Die Göttin selbst ist nicht nur als Statue, sondern gleich zweimal »persönlich« im oberen Drittel des Bildes im Reich der Götter dargestellt.

2.5 Vertiefung: Darstellung der innenpolitischen Verhältnisse auf Tauris in modernen Schreibformen (fakultativ)

GA

Unterrichtsschritt. Die Schülerinnen und Schüler vertiefen ihren Erkenntnisgewinn, indem sie sich in die Rolle von Journalisten, Bloggern, politisch engagierten Bürgern o. ä. versetzen und informierende oder appellierende Texte (Bericht, [Rundfunk-]Reportage, Flugblatt, Blog, Untergrundzeitung usw.) zu den innenpolitischen Verhältnissen auf Tauris verfassen. Unterschiedliche Arbeitsaufträge für die Kleingruppen (Gruppenarbeit) ermöglichen die Darstellung aus mehreren Perspektiven und eine aktuelle Schwerpunktsetzung. Dem Lerngegenstand inhärente Themen wie die vorzivilisatorisch-barbarische Fremdenfeindlichkeit in der durch Thoas erneuerten taurischen Tradition können durch diese Form eines situierten Lernens auf neue Weise erfahrbar gemacht werden (Binnendifferenzierung!).

- Schreiben Sie als Auslandskorrespondent einer Zeitung (Abonnementzeitung) einen Bericht / eine Reportage über die innenpolitischen Verhältnisse auf Tauris. Stützen Sie sich dabei besonders auf die Auftritte I,2 und I,3. (Alternative: eine Rundfunkreportage auf Tonträger produzieren.)
- Gestalten Sie als Befürworter/Gegner der durch Iphigenie ausgelösten Reformen auf Tauris ein Flugblatt, oder verfassen Sie einen Kommentar in einer Untergrundzeitung. Stützen Sie sich dabei besonders auf die Auftritte I,2 und I,3.
- Formulieren Sie eine Reisewarnung des Auswärtigen Amtes für Reisen auf die Insel Tauris.

ARBEITSBLATT 2

Thoas auf der Bühne: Der Taurerkönig in drei Theater-Inszenierungen

Die Aufführung der *Iphigenie* am **Württembergischen Staatstheater** aus dem Jahre 1977 von Claus Peymann zeigt einen recht jungen Thoas in salopper, kulturell unklarer Kleidung, der immer wieder »von einer – imitierten – Aufklärung zurück in den soliden heimischen Mythos«[1] fällt. Geradezu exotisch ist sein Verhalten vor dem geplanten Schwerterkampf gegen Orest, als er sich wie eine Mischform von japanischem Samurai und afrikanischem Stammeshäuptling mit Hühnerblut stärkt und einschmiert.[2] Noch unfähig zur Humanität zeigt sich sein Bemühen um Anpassung an die von Iphigenie verkörperte Zivilisation weniger an innerer Haltung als an demonstrativen Gesten, etwa als er seinen Heiratsantrag mit Zylinder und einem riesigen Blumenstrauß vorträgt, während die nackten Füße unter seinem Tuchmantel mit den Ringen an den Zehen noch an seine vorzivilisatorische Herkunft als wilder Barbar erinnern.

In Adolf Dresens Inszenierung von 1978 am **Wiener Akademietheater** ist Thoas ein stämmiger, glatzköpfiger Barbarenkönig von wilder, animalischer Ausstrahlung. Er »stampft als bulliger Koloß breitschultrig, stiernackig durch die Szene, an den Handgelenken Schweißbänder und den Oberkörper wie ein Ringer immer etwas geduckt, die Arme, schwere Schaufeln, vom Körper weggedrückt«.[3] In der Unsicherheit zwischen seiner eigenen mythischen Herkunft und den Anforderungen der Zivilisation tritt er mit gelegentlichen Zornesausbrüchen wie ein unbeholfener Wüterich auf. Gegenüber Iphigenie wirkt er wie ein »gerne zarter Grobian« und bleibt als uneindeutige, zerrissene Figur »Barbar im Habitus, edler Wilder im Gemüt«.[4]

Im eleganten braunen Anzug mit einem Stehkragen wie von einem Modedesigner tritt Goethes Thoas in Mona Kraushaars Inszenierung am **Düsseldorfer Schauspielhaus** (2014) als smarter Souverän von natürlicher Autorität auf. Vor seinem stilvollen Heiratsantrag regnet es Blumensträuße auf Iphigenie. Diesen Taurerkönig umgibt eine Aura von feiner Intellektualität, und selbst bei großer innerer Erregung bleibt er kontrolliert, wird eine Neigung zu cholerischen Anfällen allenfalls angedeutet. Nur in Momenten, die an den Grenzen seiner Selbstbeherrschung rütteln, zieht er das feine Sakko aus und verweist mit schwarzem Muscle-Shirt und mit Tattoos an den Oberarmen auf seine barbarische Herkunft. Erst zum Schluss, allein auf der Bühne und sich unbeobachtet wähnend, schleudert er die vielen Blumensträuße am Boden in einem ohnmächtigen Wutanfall von der Bühne, die von einer an vier Seilen aufgehängten schrägen und unsicher schwankenden Plattform gebildet wird.[5]

1 Hans Mayer, »Zwischen Mythos und Aufklärung. Peymann inszeniert Goethes ›Iphigenie‹ in Stuttgart«, in: *Theater heute* 12/1977, S. 6.
2 Vgl. Mayer (Anm. 1).
3 Peter von Becker, »Utopie als Restauration? ›Iphigenie‹ von Adolf Dresen in Wien, von Claus Peymann in Stuttgart inszeniert«, in: *Theater heute* 12/1977, S. 9.
4 Becker (Anm. 3).
5 Vgl. *www.youtube.com*, veröffentlicht am 30. September 2014 von DuesseldorferSchauspielhaus.

Arbeitsaufträge (Partnerarbeit):

1. Vergleichen Sie die jeweilige Interpretation des Thoas in den drei *Iphigenie*-Inszenierungen, und tauschen Sie sich über Ihre eigenen Bilder über Thoas nach der bisherigen Lektüre des Dramas aus.
2. Entscheiden Sie sich gemeinsam für eine der drei Varianten, oder entwickeln Sie ein davon abweichendes Inszenierungsbild, und begründen Sie Ihre Entscheidung mit Ihren Kenntnissen und Eindrücken aus dem ersten Aufzug (I,2–3) des Dramas.

3 Den Tantalidenfluch in seiner symbolischen Bedeutung verstehen

Sachanalyse

Iphigenie hofft vergebens, Thoas werde mit der Offenbarung des auf ihrer Familie lastenden Fluchs von seinem Heiratsantrag Abstand nehmen. Obwohl sie die grauenvollen Verbrechen ihrer Vorfahren in drastischen Bildern und Details schildert, die selbst den hartgesottenen Taurerkönig beeindrucken (»Du wendest schaudernd dein Gesicht, o König«, V. 389), wiederholt er seinen Antrag, zumal die bisher Unbekannte sich nun als griechische Königstochter entpuppt hat. Diese breite Darstellung des Tantaliden- (auch: Atriden-)Fluchs bereits in der Exposition verleiht der mythischen Schicht des Dramas ein zusätzliches und besonderes Gewicht, das im Unterricht entsprechend eingebracht werden muss. Denn der humane Gehalt des Dramas entwickelt sich erst im Widerspruch zum Mythischen, das wegen der Erneuerung der Menschenopfer durch Thoas zu einer machtvollen Aktualisierung gelangt. Erst indem diese spannende und bedrohliche Präsenz der Barbarei[1] aufgezeigt wird, kann die im Drama greifbare »Erfahrung des Dunklen, die Kraft der Negativität«[2] angemessen berücksichtigt werden, die in der früheren Rezeption des klassischen Werks Goethes gerne übersehen wurde.

Nach mythologischer Überlieferung ist Tantalos der Urahn des Geschlechts der Tantaliden, aus dem auch Iphigenie und ihr jüngerer Bruder Orest stammen. Tantalos gilt als Sohn des Zeus und der Nymphe Pluto, die wiederum nach manchen Quellen eine Tochter des Kronos und der Rhea aus dem Göttergeschlecht der Titanen ist. Diese frühen Götter der griechischen Mythologie waren von unbezwingbarer Kraft, von Maßlosigkeit und Wildheit, was sich etwa an der grausamen Entmannung zeigt, mit der sie gegen ihren Vater Uranos rebellierten. Dieser hatte nämlich seine eigenen Kinder aus Angst, und weil er sie hasste, im Tartaros versteckt. Gaia, seine Frau, stiftete daraufhin die Titanen dazu an, ihren Vater mit einer von ihr selbst geschmiedeten Sichel zu kastrieren. Später kam es zu einem Machtkampf zwischen den olympischen Göttern und den Titanen, die schließlich von den Olympiern besiegt und in den Tartaros gestürzt wurden.

Zu seinem Sohn Tantalos unterhielt Zeus zunächst freundschaftlich-väterliche Beziehungen und ließ ihm Ehrungen zukommen, wie sie einem Sterblichen nie wieder gewährt wurden. Zuletzt durfte Tantalos sogar am Mahl der Götter teilnehmen und konnte auf diese Weise auch alle Pläne der Götter mitverfolgen. Aber Tantalos verriet den Menschen die Geheimnisse der Himmlischen und entwendete ihnen die Götterspeise Nektar und Ambrosia. Nach einer weiteren Version setzte er ihnen als Gastgeber bei einem Mahl seinen eigenen Sohn Pelops als Speise vor, um ihre Allwissenheit zu prüfen. Schließlich verbannte Zeus ihn für ewig in die Unterwelt und setzte ihn den Tantalos-Qualen aus. (Weitere Informationen in *Iphigenie*, Reclam XL, Anm. zu V. 306–325, S. 71.) Über diese persönliche Bestrafung hinaus verhängten die Götter einen Fluch über seine gesamte Nachkommenschaft, der sie ihre innerfamiliären Konflikte, von ewiger Rachsucht getrieben, mit einer unvorstellbaren Grausamkeit austragen ließ (vgl. *Iphigenie*, Reclam XL, Anm. zu V. 84, S. 70). Mit diesen Verbrechen verstrickten sich die Tantaliden in jeder Generation erneut in Schuld und verlängerten so die Schuld des Ahnherrn zu einer nicht endenden mythischen Schuld des Atridenhauses, da sie wegen des Fluchs unfähig waren, vernunftgeleitet und zivilisiert miteinander umzugehen: »Die bewußte Ausschaltung der moralischen Fähigkeiten bei den Menschen muß als besonders bösartig erscheinen, und sie beeinträchtigt in besonderem Maße die menschliche Autonomie, macht den Menschen gänzlich abhängig von der göttlichen Willkür«.[3]

Für Goethe verkörperten Tantalus und seine Nachkommen eine zwischen Stolz und Hybris schwankende Veranlagung zu maßlosen Grenzüberschreitungen. Er spricht von den Tantaliden »als Glieder einer ungeheuren Opposition im Hintergrunde meiner Iphigenie«[4] und sah in Tantalus eine prometheische Gestalt der Rebellion, in der er Züge seines eigenen Wesens entdecken konnte, vor allem seine eigene Veranlagung zu Hybris, wenn es um »die Bereitschaft zur ›Subordination‹ im Umgang mit den Großen«[5] ging. Wegen seiner durchaus positiven Wahrnehmung der mythologischen Figur entlastete Goethe Tantalus von einem Teil der Verbrechen, die der Mythos ihm zuschreibt: Iphigenies Bericht über ihren Ahnherrn enthält kei-

1 »Blinde, naturwüchsige Verhältnisse überdauern auch in der Gesellschaft des aufgeklärten Zeitalters« (Theodor W. Adorno, »Zum Klassizismus von Goethes ›Iphigenie‹«, in Th. W. A., *Noten zur Literatur IV*, hrsg. von Rolf Tiedemann, Frankfurt a. M. 1974, S. 8).

2 Adorno (Anm. 1), S. 7.

3 Wolfdietrich Rasch, *Goethes Iphigenie auf Tauris als Drama der Autonomie*, München 1979, S. 104.

4 Johann Wolfgang Goethe, *Werke*, Hamburger Ausgabe in 14 Bänden, hrsg. von Erich Trunz, Hamburg 1948–64, Bd. 10, S. 49 f.; zit. nach Dieter Borchmeyer, »Iphigenie auf Tauris«, in: *Interpretationen. Goethes Dramen*, hrsg. von Walter Hinderer. Stuttgart 1992 [u. ö.], S. 152.

5 Borchmeyer (Anm. 4), S. 151.

nerlei Hinweise darauf, dass Tantalus seinen eigenen Sohn Pelops geschlachtet und als Speise den Göttern vorgesetzt habe; vielmehr ist Pelops bei ihr »[d]es Tantalus geliebter Sohn« (V. 337).

In der Vorstunde wurde vermittelt, dass die Erneuerung des Menschenopfers durch Thoas' Befehl die Grundsatzfrage nach der menschlichen Kulturentwicklung zwischen Barbarei und Menschlichkeit aufwirft, die sich aus dem Konflikt zwischen Iphigenie und Thoas ergibt. Mit der Enthüllung und Vergegenwärtigung der fluchbeladenen Herkunft der Iphigenie vollzieht sich in der Gestaltung des dramatischen Konflikts noch ein Weiteres. Denn die Durchführung des angeordneten Menschenopfers würde Iphigenie, die bisher davon ausgegangen war, dass sie infolge ihrer Rettung durch Diana dem Fluch entkommen sei, erneut in die Schuld eines Verbrechens und damit in die Kontinuität des Fluchs verwickeln. Mit einer solchen Schuld würde auch ihre heimliche Hoffnung (vgl. IV,5, V. 1699–1702) zerstört werden, durch die eigene Reinheit die mythische Schuld der Familie zu entsühnen. »O enthalte vom Blut meine Hände!« (V. 549), bittet sie in I,4 die Göttin Diana, kennt aber zu diesem Zeitpunkt noch nicht einmal die verhängnisvollen Zusammenhänge und die bedrohlich präsente Macht des Mythischen, dass nämlich Iphigenies Opfer ihr eigener Bruder und ihr Vetter sein würden. »Die Bedeutung des Opfers besteht demnach in der Verknüpfung der beiden Themenkomplexe, die das Drama insgesamt bestimmen: der Frage nach der persönlichen Schuld der Iphigenie im Zusammenhang mit der mythischen Schuld ihrer Familie und der Frage nach der kulturellen Entwicklung der Menschheit, die sich alternativ zwischen Barbarei und Menschlichkeit vollzieht. Vor diesem Hintergrund bedeutet die Entscheidung des Thoas einen unmittelbaren Regress in die Barbarei und für Iphigenie analog einen Rückfall in den mythischen Opferzusammenhang, dem sie sich durch die göttliche Rettung entronnen glaubte.«[6]

6 Achim Geisenhanslüke, *Johann Wolfgang Goethe, »Iphigenie auf Tauris«: Interpretation*, München 1997, S. 35.

Unterrichtsverlauf

Überblick. Die Lernenden erarbeiten sich eine Übersicht über die Auswirkungen des Götterfluchs (3.2) im griechischen Mythos und verstehen, dass die Unfähigkeit der Tantaliden zu zivilisierten Umgangsformen als ein unentrinnbares, von einem strafenden Gott verhängtes Schicksal betrachtet wird. In 3.3 erfassen sie den Tantalidenmythos in seiner symbolischen Aussage als Verstricktheit auch des zivilisierten Menschen in blinde, naturwüchsige Kräfte und damit als unentwegt lauernde Präsenz von Barbarei, in deren Sog auch Iphigenie zu geraten droht. **! Verkürzter Verlauf 3.1 – 3.2 – 3.3**

Phase	Thema	Sozialform	Kompetenzen und Lernziele	Materialien
Voraussetzung: Kenntnis des ersten Aufzugs				
3.1	Einstiegsphase Tantalos – Halbgott, Rebell, Verstoßener	UG	• Informationen aus mehreren Textquellen zu einer Übersicht auswerten	VORLAGE 3a ➤ S. 24 TAFELBILD 3 (Teil 1) ➤ S. 24
3.2	Barbarische Verbrechen im Tantalidenmythos	PA / UG	• Informationen aus komplexen und kodierten Texten vergleichen, interpretieren und transferieren • Wissenschaftliche Sekundärtexte einbeziehen	ARBEITSBLATT 3 ➤ S. 27 TAFELBILD 3 (Teil 2) ➤ S. 25
3.3	Die doppelte Herausforderung für Iphigenie	UG	• Den dramatischen Konflikt auf mehreren Ebenen bestimmen	VORLAGE 3b ➤ S. 26
3.4 **fakultativ**	Vertiefung: Besprechung Thoas – Arkas als Rollenspiel	PA / UG	• Den Lernstoff im Rollenspiel vertiefen	
HA	Vorbereitende Lektüre des zweiten und dritten Aufzugs			*Iphigenie*, Reclam XL, S. 20–43

3.1 Einstiegsphase: Tantalos – Halbgott, Rebell, Verstoßener

UG

VORLAGE 3a ➤ S. 24
TAFELBILD 3 (Teil 1) ➤ S. 24

Unterrichtsschritt. Mit Kirkes Hilfe segeln Odysseus und seine Gefährten bis ans Ende der Welt, um an der Grenze zum Hades den Schatten des Sehers Teiresias zu befragen, wie ihnen die Heimkehr nach Ithaka gelingen könne. Unter den Seelen der Verstorbenen, die Odysseus aus der Unterwelt auftauchen sieht, befindet sich auch Tantalos.

Der kurze Ausschnitt VORLAGE 3a ***Homer: »Odyssee«, 11. Gesang*** eignet sich als Folie für den Stundeneinstieg und führt unmittelbar zu den Hintergründen des Tantalidenfluchs, die anhand von *Iphigenie*, V. 306–335 (und der Anmerkungen in *Iphigenie*, Reclam XL, zu V. 84 und V. 306–325) im Unterrichtsgespräch geklärt und im ersten Teil des TAFELBILDS 3 festgehalten werden.

VORLAGE 3a

Homer: *Odyssee*, 11. Gesang

Und den Tantalos sah ich, der, schwere Qualen ertragend,
In einem Teich stand, der ihm mit dem Wasser ans Kinn schlug.
Dürstend schien er und konnte zum Trinken es doch nicht erreichen;
Denn sooft er sich bückte, der Greis, im Wunsche zu trinken,
So oft schwand es hinweg, verschluckt, und die Erde, die schwarze,
Kam um die Füße hervor; ein Dämon machte sie trocken.
Hochbelaubte Bäume gossen ihm Frucht übers Haupt hin,
Apfelbäume mit glänzenden Früchten, Granaten und Birnen
Und süß schmeckende Feigen und prangende grüne Oliven;
Aber sooft er sich reckte, der Greis, sie mit Händen zu greifen,
Schnellte sie immer der Wind empor zu den schattigen Wolken.

Homer: Odyssee. Übers., Nachw. und Register von Roland Hampe. Stuttgart: Reclam, 1979 [u. ö.]. 11. Gesang, V. 582–592.

TAFELBILD 3 (Teil 1)

Die Bedeutung des Tantalidenfluchs in Goethes *Iphigenie*

Zeus —— Pluto (Tochter des Titanen Kronos)

Tantalos

Bestrafung durch Zeus:

- persönlich: Verbannung in den Tartaros, Tantalos-Qualen
- seine Nachkommen:
  Tantalidenfluch »es schmiedete / Der Gott um ihre Stirn ein ehern Band« (V. 330 f.)

3.2 Barbarische Verbrechen im Tantalidenmythos

Unterrichtsschritt. Die Erarbeitung und dadurch Vergegenwärtigung der Auswirkungen des Tantalidenfluchs durch die Schülerinnen und Schüler erfolgt anhand der Arbeitsaufträge auf dem ARBEITSBLATT 3 ***Die Bedeutung des Tantalidenfluchs in Goethes »Iphigenie«*** in Partnerarbeit, deren Erträge in Schülerpräsentationen vorgestellt werden und das Unterrichtsgespräch vorbereiten.

PA / UG

ARBEITSBLATT 3 ➤ S. 27
Lösungshinweise ➤ S. 107
TAFELBILD 3 (Teil 2) ➤ S. 25

Leitfragen:
- Stellen Sie die Abfolge von Verbrechen, Gewalttaten und weiteren Vergehen in Iphigenies Familie dar, und klären Sie die Ursachen dieser Verrohung.
- Verdeutlichen Sie anhand der unmittelbaren Wirkung des Fluchs und der Rolle des Menschen die Macht, die der antike Mythos den Göttern zuschreibt.

TAFELBILD 3 (Teil 2)

Die Bedeutung des Tantalidenfluchs in Goethes *Iphigenie*

[...]

Wirkung:
- unfähig zu Vernunft (ohne »Rat, Mäßigung und Weisheit und Geduld«, V. 331)
- getrieben zu ewiger Aggression und Rachsucht
- Ausschaltung aller moralischen Fähigkeiten

Folge:
- grauenvolle Verbrechen bis zur Selbstauslöschung der gesamten Familie als ein von Zeus verhängtes Schicksal

Stellung des Menschen:
- Abhängigkeit von göttlicher Willkür
- Widerspruch zur sittlichen Autonomie als Idee einer vernunftgeleiteten Mündigkeit (Kant!)

3.3 Die doppelte Herausforderung für Iphigenie

Unterrichtsschritt. Mit der vergleichenden Anknüpfung an die Vorstunde soll im Unterrichtsgespräch die neue Dimension des dramatischen Konflikts sichtbar gemacht werden, die sich aus der erneuerten Präsenz des Tantalidenfluchs ergibt: Das von Thoas angeordnete Menschenopfer wirft nicht nur, wie in der Vorstunde erarbeitet, die Grundsatzfrage nach der menschlichen Kulturentwicklung zwischen traditioneller Fremdbestimmung oder der von Iphigenie geforderten Selbstbestimmung durch sittliche Autonomie auf, sondern aktualisiert den nach Iphigenies Ansicht bereits besänftigten Tantalidenfluch, der nun auch sie als Täterin und nicht mehr als Opfer in die Schuld eines Verbrechens und damit in die Kontinuität des Familienfluchs verwickeln würde. Die Barbarei im Mythos vom Tantalidenfluch erweist sich gemeinsam mit dem Bild von grausamen, willkürlich herrschenden Göttern als eine nach wie vor bedrohlich lauernde »Zone des Unheils«. Auch wer sich wie Iphigenie dem Fluch entronnen glaubt, kann jederzeit erneut in jenen mythischen Opferzusammenhang und damit in vorzivilisatorische Barbarei gezogen werden. Selbst die Berufung auf einen »Befehlsnotstand« durch die Entscheidungsgewalt des Taurerkönigs würde an diesen Folgen und an der erneuten barbarischen Täterschaft eines Mitglieds der Tantalidenfamilie nichts ändern.

UG

VORLAGE 3b ➤ S. 26

Leitfragen:
- Klären Sie, warum die Erneuerung des Menschenopfers durch Thoas für Iphigenie gerade als Tantalidin von besonderer Bedeutung ist.
- Warum stellt sie die Situation dadurch vor eine doppelte Herausforderung?

- Erklären Sie die besondere Bedrohung für ihr bisher positives Weltbild.
- Ein dramatischer Konflikt ist der Aufeinanderprall gegensätzlicher Interessen, Werthaltungen und Kräfte. Beschreiben Sie die verschiedenen Ebenen dieses Aufeinanderpralls.

Ein abschließender Tafelanschrieb mit Schlüsselbegriffen würde die Zusammenhänge allzu vereinfachen und eventuell entstellen. Daher wird als Ergebnissicherung eine Formulierungshilfe der Lehrkraft für die komplexen Zusammenhänge (»Hefteintrag«) vorgeschlagen (VORLAGE 3b ***Zusammenfassung: Der dramatische Konflikt***).

VORLAGE 3b

Zusammenfassung: Der dramatische Konflikt

Der Tantalidenmythos steht für einen archaischen Zustand von Grausamkeit und Barbarei unter den Menschen und für grausam strafende göttliche Autoritäten, deren Willkür der Mensch unterworfen ist.
Mit ihren Zweifeln an einem solchen Götterbild und ihrem Anspruch auf Selbstbestimmung bestreitet Iphigenie eine solche Weltsicht.

Aber mit der Erneuerung des Menschenopfers durch Thoas droht sie in jenen archaischen Bannkreis der Gewalt und Rachsucht gezogen zu werden, für dessen Überwindung die Tantalidin eintritt.

Am Ende des ersten Aufzugs wird, typisch für den Aufbau eines klassischen Dramas, ein Aufeinanderprall gegensätzlicher Werthaltungen und Kräfte und damit der dramatische Konflikt sichtbar.

3.4 Vertiefung: Besprechung Thoas – Arkas als Rollenspiel (fakultativ)

PA / UG

Unterrichtsschritt. Thema des Rollenspiels: Thoas informiert seinen Vertrauten Arkas über die Identität Iphigenies und über Verlauf und Ergebnis seines Gesprächs mit ihr. Gemeinsam erörtern sie die weitere Vorgehensweise. Anhand der Varianten des Rollenspiels erfolgt eine – eventuell korrigierende – Vertiefung der Figurengestaltung. Diese Lernzielkontrolle bezieht sich auch auf das jeweils implizierte Bild der Iphigenie.

Hausaufgabe

Vorbereitende Lektüre des zweiten und dritten Aufzugs (*Iphigenie*, Reclam XL, S. 20–43).

Die Bedeutung des Tantalidenfluchs in Goethes *Iphigenie*

Informationen: Tantalus, ein Sohn des Zeus mit der Titanentocher Pluto, ist der Sage nach der Urahn der Familie der Tantaliden bzw. Atriden, aus der auch Iphigenie und ihr jüngerer Bruder Orest stammen. Die Titanen waren als frühere Götter berüchtigt wegen ihrer Kraft, Wildheit und Rohheit, wurden aber schließlich von den olympischen Göttern besiegt und in den Tartaros gestürzt. – Zu seinem Sohn Tantalus unterhielt Zeus zunächst freundschaftlich-väterliche Beziehungen und ließ ihm große Ehrungen zukommen. Dieser mochte sich aber nicht mit seiner Rolle als Halbgott begnügen und frevelte wiederholt gegen die Götter, entwendete ihnen die Götterspeise Nektar und Ambrosia, die Göttern zu ihrer Unsterblichkeit verhilft, und prüfte ihre Allwissenheit auf eine besonders brutale Weise (vgl. *Iphigenie*, Reclam XL, S. 71). Zur Strafe verbannte ihn Zeus für ewig in die Unterwelt und setzte ihn den Tantalus-Qualen aus. Über seine Familie wurde ein Fluch verhängt, demzufolge seine Nachfahren sich aus Rachsucht in grausame innerfamiliäre Verbrechen verstricken, deren Täter oder Opfer sie sind (Tantaliden- bzw. Atridenfluch).

Arbeitsaufträge:

1. Peter Hacks zählt in seiner kleinen Satire »Iphigenie oder: Über die Wiederverwendung von Mythen« (1963) die Anzahl und die Art der Verbrechen auf, die der gesamte Tantalidenmythos enthält. – Ordnen Sie einige Verbrechen und Vergehen aus P. Hacks' Zusammenstellung dem Textabschnitt V. 306–432 zu, in dem Iphigenie dem Taurerkönig über ihre Vorfahren berichtet, und tragen Sie diese in die Übersicht ***Verbrechen, Gewalttaten und weitere Vergehen in der Familie der Tantaliden*** auf dem Arbeitsblatt ein. Welche Verbrechensart hat Hacks vergessen? (!)

   »Tantalos zeugte den Pelops. Pelops zeugte den Atreus und den Thyestes. Atreus zeugte den Agamemnon, Agamemnon den Orest. In den unmittelbaren Begebenheiten dieser fünf Herren ereigneten sich die Schlachtung und Verspeisung von 6 Knaben, der Diebstahl 1 goldenen Hundes und 1 goldenen Lammes, 2 der klassischen und beispielgebenden Fälle von Homosexualität, 2 Schändungen von Töchtern durch ihre Väter, 1 Vatermord, 1 Muttermord, 1 Gattenmord, 1 Tochtermord, nicht zu rechnen Selbstmorde, Ehebrüche und minder intime Bluttaten unter Verwandten zweiten oder noch entfernteren Grades. Solche Vorfälle heimeln auch den modernen Leser an und gewähren ihm Befriedigung.«

   Peter Hacks: Iphigenie oder: Über die Wiederverwendung von Mythen. In: P. H.: Die Maßgaben der Kunst. Berlin: Eulenspiegel Verlag, 2003. (Werke. 13.) S. 94.

2. Ergänzen Sie Ihre Ergebnisse mit weiteren Informationen zum Tantaliden- (auch: Atriden-)Mythos. Lesen Sie hierzu in *Iphigenie*, Reclam XL, S. 71–73, Anmerkungen zu V. 420 f. – 591; S. 75, Anmerkungen zu V. 881 und 904; S. 97, Stammbaum der Tantaliden. Verwenden Sie auch zusätzliche Informationsquellen.
3. Erläutern Sie anhand V. 330–335, wie Iphigenie die Wirkungsweise des Fluchs erklärt.

*4. Interpretieren Sie die beiden folgenden Aussagen zusammen mit Ihren Resultaten aus den vorherigen Arbeitsaufträgen und präsentieren Sie Ihre Ergebnisse.
   a) Der Literaturwissenschaftler Wolfdietrich Rasch hält die »bewusste Ausschaltung der moralischen Fähigkeiten bei den Menschen« durch den Fluch für besonders bösartig. Sie beeinträchtige »in besonderem Maße« menschliche Autonomie und mache »den Menschen gänzlich abhängig von der göttlichen Willkür« (Wolfdietrich Rasch, Goethes *Iphigenie auf Tauris als Drama der Autonomie*, München 1979, S. 81).
   b) Der Philosoph Theodor W. Adorno urteilt, der Tantalidenmythos bedeute bei Goethe »gegenwärtige Vorwelt« und »leibhaftige Verstricktheit in Natur. Blinde, naturwüchsige Verhältnisse überdauern auch in der Gesellschaft des aufgeklärten Zeitalters« (Theodor W. Adorno, »Zum Klassizismus von Goethes ›Iphigenie‹«, in: Th. W. A., *Noten zur Literatur IV*, hrsg. von Rolf Tiedemann, Frankfurt a. M. 1974, S. 8).

ARBEITSBLATT 3 (Seite 2 von 2)

Verbrechen, Gewalttaten und weitere Vergehen in der Familie der Tantaliden (Auswahl)

Pelops:

- *zweifacher Mord (darunter sein zukünftiger Schwiegervater) als Freier um die Königstochter Hippodameia.*
- *Tod seines Lieblingssohns Chrysippos aus seiner Beziehung zur Nymphe Astyoche/Axioche, der von dessen Stiefbrüdern Thyest und Atreus ermordet wird.*
- *Selbstmord seiner Frau Hippodamie, die vermutlich am Mordkomplott beteiligt war.*

Thyest:

Atreus:

Aigisthos:

Agamemnon:

Klytämnestra:

Orest:

4. Tantaliden, Vettern, Freunde – Orest und Pylades charakterisieren

Sachanalyse

Um das »Zentralstück der Iphigenie, de[n] Wahnsinnsmonolog des Orest«[1] (III,2), in seiner komplexen Bedeutung vermitteln zu können, soll in dieser Stunde vorbereitend das Figurenkonzept zu Orest im Zusammenhang von mythologischen und literaturgeschichtlichen Bezügen erarbeitet werden. – Der Grund für den Aufenthalt der beiden Freunde in Tauris ist wie im Mythos der Auftrag, das Kultbild der Diana, der Schwester Apolls, aus dem Tempel zu rauben und nach Griechenland zu bringen (vgl. V. 723–727). Dafür soll Orest von der Schuld des Muttermords erlöst und so von der Verfolgung durch die Furien/Erinnyen befreit werden, die ihn unerlöst in das Reich der Toten bringen wollen. Tatkräftiger Motor auf dem Weg zu dieser kultischen Entsühnung ist Pylades, der seinen Vetter noch in aussichtsloser Lage von der Richtigkeit ihres Tuns und der Hilfe der Götter zu überzeugen versucht: »So wird für diese Tat das hohe Paar[2] / Dir gnädig sein, sie werden aus der Hand / Der Unterird'schen dich erretten« (V. 725–727).

Danach sieht es im zweiten Aufzug aber keineswegs aus, denn die Griechen sind gefangen und erwarten ihren Opfertod, den, ohne dass sie es ahnen, Iphigenie vollziehen müsste. Orest akzeptiert seinen bevorstehenden Tod mit der Bereitwilligkeit eines Lebensmüden und interpretiert ihn in seiner Resignation als von beiden nicht bedachte Form einer Erfüllung des Orakels, das ihn von den Erinnyen zu befreien versprach. Eigentlich weiß Orest, dass der drohende Untergang ihn nach dem überlieferten Glauben endgültig in die Hände der Erinnyen geben würde, im Tartaros nämlich, weil der Tempelraub als Bedingung der Entsühnung noch aussteht. Seine Todesbereitschaft hat andere Gründe. Das »Geleit der Rachegeister« (V. 564) hat ihn mittlerweile seelisch zermürbt, hat seinen Lebenswillen zersetzt und hat den ohnehin seit Kindheit Schwermütigen (»Des Lebens dunkle Decke breitete / Die Mutter schon mir um das zarte Haupt«, V. 615 f.) in eine Krise gestürzt, aus der heraus er sich nur noch den Tod herbeisehnt. Seine Hoffnungen, die sich mit dem Orakelspruch verbunden hatten, stützten sich auf ein positives Götterbild, weil Apoll durch das Orakel seine Entsühnung und dadurch seine Befreiung von den Erinnyen in Aussicht gestellt hatte. Aber angesichts der aussichtslosen Lage, Auge in Auge mit einem unerlösten Tod, glaubt Orest resignierend erkennen zu müssen, dass auch sein lebensgefährlicher Auftrag ihn nicht retten wird, der Mensch vielmehr der Willkür der Götter hilflos ausgesetzt ist und menschliches Handeln vom Jenseits des Olymp aus gesteuert wird: »Mich haben sie zum Schlächter auserkoren« (V. 707). In seiner Verbitterung klagt er die Götter »einer doppelten Schuld an. Zum einen seien sie für den Mord an seiner Mutter verantwortlich, während er selbst nur ausführendes Organ war, und zum anderen tragen sie die Schuld an dem bevorstehenden Untergang der beiden Freunde, die sie mutwillig in eine Falle gelockt haben.«[3]

Diese resignierende Ansicht von einer Determiniertheit des Menschen durch allmächtige, zudem noch willkürliche und bösartige Götter steht in bezeichnender Analogie zu Orests tatsächlicher Handlungsunfähigkeit infolge seines depressiven Zustands, scheint also die fatalistische Reaktion seiner psychischen Verfassung zu sein. Auch hier, wie schon im ersten Aufzug, wird deutlich: Die antiken Götter sind nur Götterbilder, sind Vorstellungen des Menschen nach eigenen Weltbildern oder wie hier bei Orest nach wechselnden Stimmungen, werden aber auch, wie im ersten Aufzug im Disput Iphigenies mit Thoas, als unterschiedliche Gottesvorstellungen instrumentalisiert, um die jeweilige Position zu rechtfertigen. Die Götter werden nur noch ästhetisch vermittelt, sind nur noch »symbolisch bedeutsame Instanzen [...]. Ohne dass auf der Ebene der Figuren ein Bruch spürbar wäre zwischen Götterglaube und menschlicher Autonomie, wird doch die gesamte Motivation der Handlung für den Zuschauer ins Menschliche transponiert.«[4]

Das hier angedeutete Moderne des Dramas wird greifbar im Widerspruch zwischen der von Orest behaupteten Determiniertheit des menschlichen Willens und den schweren Schuldgefühlen, die ihn plagen, seiner tief empfundenen Reue über die Tat und seinen Gewissensqualen, die ihn an den Rand des Wahnsinns treiben. »Die ewige Betrachtung des Geschehnen« (V. 1064) konfrontiert ihn unablässig mit den Einzelheiten der Tat, deren Bilder er nicht

1 Theodor W. Adorno, »Zum Klassizismus von Goethes ›Iphigenie‹«, in: Th. W. A., *Noten zur Literatur IV*, hrsg. von Rolf Tiedemann, Frankfurt a. M. 1974, S. 27.

2 Gemeint ist das nach dem Bilderraub vereinte Geschwisterpaar Apoll und Diana.

3 Achim Geisenhanslüke, *Johann Wolfgang Goethe, »Iphigenie auf Tauris«: Interpretation*, München 1997, S. 42.

4 Udo Müller, *Lektürehilfen. Johann Wolfgang von Goethe, »Iphigenie auf Tauris«*, Stuttgart 2010, S. 31 f.

aus seinem Kopf löschen kann. Diesen Orest verfolgen keine physisch auf der Bühne anwesenden Erinnyen wie im antiken Drama bei Aischylos, vielmehr ist »die Ursache seines Zustands [...] bloß im Gemüth«[5]. Was Schiller als dramaturgisches Defizit kritisierte, nämlich das Fehlen einer bühnenwirksamen Präsenz der Erinnyen, resultiert aus Goethes Umarbeitung des antiken Stoffs zu einem modernen Schauspiel, in dem die antiken Rachegöttinnen zu einer Instanz des Gewissens verinnerlicht werden. Pylades ermahnt seinen selbstquälerischen Freund schließlich: »Du mehrst das Übel / Und nimmst das Amt der Furien auf dich« (V. 756 f.). Denn selbst ohne unmittelbare Anwesenheit der Rachegöttinnen kreist Orests Denken in ewigen Selbstvorwürfen um den mörderischen Racheakt an seiner Mutter, auch wenn es ein Auftragsmord der Götter war. Trotz seiner von Verbitterung genährten Schuldzuweisungen an die Götter nagt an ihm die Erkenntnis, dass er als Täter persönlich zum »Mörder meiner doch verehrten Mutter« (V. 708) wurde, dass also er selbst die Verantwortung trägt und als »Schlächter« (V. 707) nicht nur gehorsames Werkzeug war, sondern mit seiner eigenen Rachsucht, seiner »brennende[n] Begier des Königs Tod / Zu rächen« (V. 1015 f.), diese Tat seinerzeit auch unbedingt wollte. Diese Verinnerlichung des Konflikts zu unerträglichen Gewissensqualen bei Goethes Orest, die moderne Psychologisierung des Themas zu einem Seelendrama schien eine direkte, eine physische Erscheinung der Furien auszuschließen.[6]

Eine Entsühnung auf kultische Weise durch Erfüllung der auferlegten Aufgabe ist für diesen modernen Orest nicht vorstellbar. Denn der »zum neurotischen Konflikt«[7] verinnerlichte mythische Fluch kann nicht durch eine besondere Leistung im Dienste der Götter aufgehoben werden. An diese kultische Lösung glaubt Pylades nach wie vor und steht damit noch innerhalb des Mythos. Orest hingegen signalisiert gerade mit seiner Todesbereitschaft seine von den »sakralen Normen abweichende Haltung«[8], weil er ja dadurch den göttlichen Rettungsplan boykottiert, an dem sich Pylades nach wie vor orientiert. Die eigentliche Ursache der Todessehnsucht Orests liegt nämlich darin, dass er den Tod als »Selbstbestrafung für seine Schuld« sucht.[9]

5 Brief von Schiller an Goethe, 22. Januar 1802, zit. nach: Müller (Anm. 4), S. 83.

6 Vgl. jedoch Jean-Paul Sartre, *Die Fliegen* (1943).

7 Adorno (Anm. 1), S. 29.

8 Wolfdietrich Rasch, *Goethes Iphigenie auf Tauris als Drama der Autonomie*, München 1979, S. 120.

9 Ebd., S. 119.

Unterrichtsverlauf

Überblick. Die Lerngruppe erarbeitet sich mit Hilfe einer kontrastiven Figurencharakteristik ein Modell zur literarischen Charakteristik und wendet dieses Modell an. Aus den offenen Fragen zur Figur des Orest erschließen sich die Lernenden einen umfassenden, auch diachron begründeten Zugang zum Figurenkonzept des Orest durch Goethe (4.4 und 4.5) und stellen anhand ausgesuchter Materialien biografische Bezüge her.

! Verkürzter Verlauf: 4.1 – 4.2 – 4.3 – 4.4 – 4.5

Phase	Thema	Sozialform	Kompetenzen und Lernziele	Materialien
Voraussetzungen: Kenntnis der ersten drei Aufzüge				
4.1	Einstiegsphase: Orest und Pylades auf dem Weg zu ihrer Opferung	UG	• Kenntnisse zum Mythos aktualisieren • Umgang mit Bildern: beschreiben und deuten	VORLAGE 4a ➤ S. 31
4.2	Orest und Pylades: Kontrastive Figurencharakterisierung	UG	• Literarische Figuren charakterisieren • Struktur einer Charakterisierung kennen	TAFELBILD 4 (Teil 1) ➤ S. 32
4.3	Vertiefungsphase: Das Götter- bzw. Weltbild der beiden Freunde	UG	• Ergänzung und Vertiefung der Charakterisierung	VORLAGE 4b ➤ S. 33 TAFELBILD 4 (Teil 2) ➤ S. 34

4.4	Transfer: Die Darstellung des Orest in dem Drama *Die Eumeniden* aus Aischylos' Trilogie *Die Orestie* (458 v. Chr.)	LV *oder* PA / UG	• Vergleichende Analyse der Figurenkonzepte zu Orest im antiken Drama und bei Goethe • Diachrone Bezüge ermitteln und zur Interpretation verwenden	VORLAGE 4c ➤ S. 35 *oder* ARBEITSBLATT 4 ➤ S. 39
4.5	Vertiefungsphase: Furien als Wahnvorstellungen des Orest in Goethes *Iphigenie*	UG	• Psychologisierung des dramatischen Konflikts erkennen • Menschenbild der Weimarer Klassik erfassen	VORLAGE 4d ➤ S. 36
4.6 **fakultativ**	Goethe und sein Orest – Aspekte zu einem biografischen Zusammenhang	GA (binnendifferenziert)	• Biografische Bezüge erarbeiten	VORLAGE 4e ➤ S. 37 VORLAGE 4f ➤ S. 38
HA **fakultativ**	Lektüre der Kurzbiografie Goethes			*Iphigenie*, Reclam XL, Anhang 3.1, S. 78–80

4.1 Einstiegsphase: Orest und Pylades auf dem Weg zu ihrer Opferung

Unterrichtsschritt. Mit dem Ausschnitt aus einem ***»Orest-Sarkophag«*** (VORLAGE 4a) begegnen die Schülerinnen und Schüler einer fast 2000 Jahre alten Gestaltung genau der Episode aus der Orest-Sage, die dem zweiten Aufzug in Goethes *Iphigenie* zugrunde liegt. Aus der Erfassung der Topografie und der Situation heraus wird zunächst im Unterrichtsgespräch geklärt, warum die beiden Griechen in die lebensgefährliche Lage geraten sind, deren Aussichtslosigkeit die Lerngruppe durch den visuellen Impuls erfahren hat (vgl. auch *Iphigenie*, Reclam XL, Anm. zu V. 563 f. und 591, S. 72 und 73). – Die Ursache, also die Verfolgung des Orest durch die Erinnyen als bedrängender Grund, das Orakel befragt zu haben, wird im Text (II,1) in mehreren sprachlichen Bildern angesprochen, z. B. »das grässliche / Geleit der Rachgeister« (V. 563 f.) oder »Lasst mir so lange Ruh, ihr Unterird'schen, / die nach dem Blut ihr […] / Wie losgelassne Hunde spürend hetzt« (V. 581–584). Nach antiker Vorstellung würde Orest, falls er den göttlichen Auftrag des Orakels nicht erfüllt, unerlöst sterben und bliebe auch in der Unterwelt noch in der Hand der Erinnyen.

UG

VORLAGE 4a
➤ S. 31

VORLAGE 4a

Ausschnitt aus einem römischen Sarkophagrelief mit Episoden aus der Sage von Orest (130–140 n. Chr.). Staatliche Antikensammlung und Glyptothek München. Fotografiert von Renate Kühling.

Erläuterungen zum Bild. Das Bild zeigt den linken Teil des Orest-Reliefs mit Orest und Pylades als gefesselte Gefangene. Ein bewaffneter Skythe übergibt die beiden vor dem Artemis-Tempel an Iphigenie, damit sie an ihnen das Menschenopfer vollzieht. Die Opferung steht unmittelbar bevor, denn die Priesterin hat bereits ihre Schultern entblößt und bewegt sich ins Innere des Tempels, wo neben dem Kultbild der Göttin ein großes Schwert hängt. Die Darstellung aus der römischen Antike vermittelt mit dem Gegensatz zwischen den wehrlos nackten Körpern der beiden Griechen und der Bewaffnung der Gegenseite eine Bedrohlichkeit, die durch die abgeschlagenen Häupter von Geopferten oben an der linken Säule und in der Mitte der rechten Säule grauenvoll gesteigert wird. Die Spannung resultiert auch aus der unmittelbaren körperlichen Nähe der beiden Geschwister, deren ineinander vertiefter Blick Erkennen und damit Hoffnung signalisiert.

4.2 Orest und Pylades: Kontrastive Figurencharakterisierung

UG

TAFELBILD 4 (Teil 1) ➤ S. 32

Unterrichtsschritt. Die gegensätzlichen Einschätzungen der Lage (Orest: »Es ist der Weg des Todes, den wir treten […] / So sei es«, V. 561/578; bzw. Pylades: »Ich denke nicht den Tod; ich sinn und horche, / Ob nicht zu irgend einer frohen Flucht / Die Götter Rat und Wege zubereiten«, V. 601–603) liefern mit einer Gegenüberstellung von Begriffen wie Resignation, Passivität bzw. unerschütterliche Zuversicht, Tatendrang die notwendige Spannung für eine kontrastive Figurencharakterisierung als Unterrichtsgespräch, deren Ergebnisse im Tafelbild festgehalten werden. Dieses Tafelbild bietet den Schülerinnen und Schülern neben Stichworten zur Charakterisierung der beiden Tantaliden zugleich ein allgemeines Aufbaumuster zur Charakterisierung einer literarischen Figur »von außen nach innen« an, also von äußeren Merkmalen und Fakten hin zu Wesenszügen und Wertvorstellungen.

TAFELBILD 4 (Teil 1)

Orest und Pylades: Tantaliden, Vettern, Freunde (2. Aufzug, 1. Auftritt)

	Orest	Pylades
Fakten zu Herkunft, Aussehen und Lebensumständen	• Sohn Agamemnons • legitimer Thronerbe in Mykene • mörderische Rache an Mutter und Onkel gemäß Orakelspruch • verfolgt von den Erinnyen (V. 563 f.)	• Sohn des Strophios • Thronerbe in Phokis • Vetter und treuer Freund des Orest • gemeinsame Kindheit in Phokis (V. 643 ff.)
Soziales Umfeld Verhalten/Interaktion Charaktermerkmale Seelische Verfassung Selbstbild	• verzweifelt, deprimiert, hoffnungslos, passiv (V. 561, 569 f., 586 ff.): Orest ergibt sich resignierend in sein Schicksal (V. 578) • selbstquälerische Gewissensbisse (V. 751) und Todessehnsucht (V. 585, 637, 729, 753): handlungsunfähig	• optimistisch: voller Zuversicht, einen Ausweg zu finden (V. 598 ff.) • aktiv und lebensbejahend (V. 601 ff.) • hingebungsvolle Sorge um den Freund (V. 607) • Therapeut für dessen Depressionen (V. 608 ff.)

4.3 Vertiefungsphase: Das Götter- bzw. Weltbild der beiden Freunde

UG

VORLAGE 4b ➤ S. 33

TAFELBILD 4 (Teil 2) ➤ S. 34

Unterrichtsschritt. V. 707–743 und 758–769 werden für textnahes Lesen – Close Reading – anhand der VORLAGE 4b ***Das Götter- bzw. Weltbild Orests und Phylades' in Goethes »Iphigenie auf Tauris« (1787)*** zusätzlich als Ausschnitt medial präsentiert. Die Schülerinnen und Schüler erarbeiten weitere Erkenntnisse zu den Kategorien »Grundsätzliche Überzeugungen, Wertvorstellungen und Weltbilder; Folgen/Folgerungen«, die im TAFELBILD 4 (Teil 2) festgehalten werden.

VORLAGE 4b

Das Götter- bzw. Weltbild Orests und Phylades' in Goethes *Iphigenie auf Tauris* (1787)

V. 707–743, 758–769

OREST. Mich haben sie zum Schlächter auserkoren,
Zum Mörder meiner doch verehrten Mutter,
Und eine Schandtat schändlich rächend, mich
Durch ihren Wink zu Grund gerichtet. Glaube,
Sie haben es auf Tantals Haus gerichtet,
Und ich, der Letzte, soll nicht schuldlos, soll
Nicht ehrenvoll vergehn.
PYLADES. Die Götter rächen
Der Väter Missetat nicht an dem Sohn;
Ein jeglicher, gut oder böse, nimmt
Sich seinen Lohn mit seiner Tat hinweg.
Es erbt der Eltern Segen, nicht ihr Fluch.
OREST. Uns führt ihr Segen, dünkt mich, nicht hierher.
PYLADES. Doch wenigstens der hohen Götter Wille.
OREST. So ist's ihr Wille denn, der uns verderbt.
PYLADES. Tu was sie dir gebieten und erwarte.
Bringst du die Schwester zu Apollen hin,
Und wohnen beide dann vereint zu Delphis,
Verehrt von einem Volk das edel denkt;
So wird für diese Tat das hohe Paar
Dir gnädig sein, sie werden aus der Hand
Der Unterird'schen dich erretten. Schon
In diesen heil'gen Hain wagt keine sich.
OREST. So hab ich wenigstens geruh'gen Tod.
PYLADES. Ganz anders denk ich, und nicht ungeschickt
Hab ich das schon Geschehne mit dem Künft'gen
Verbunden und im Stillen ausgelegt.
Vielleicht reift in der Götter Rat schon lange
Das große Werk. Diane sehnet sich
Von diesem rauen Ufer der Barbaren
Und ihren blut'gen Menschenopfern weg.
Wir waren zu der schönen Tat bestimmt,
Uns wird sie auferlegt, und seltsam sind
Wir an der Pforte schon gezwungen hier.
OREST. Mit seltner Kunst flichst du der Götter Rat
Und deine Wünsche klug in eins zusammen.
PYLADES. Was ist des Menschen Klugheit, wenn sie nicht
Auf Jener Willen droben achtend lauscht? [...]
Lass mich nur sinnen, bleibe still! Zuletzt,
Bedarf's zur Tat vereinter Kräfte, dann
Ruf ich dich auf, und beide schreiten wir
Mit überlegter Kühnheit zur Vollendung.
OREST. Ich hör Ulyssen reden.
PYLADES. Spotte nicht.
Ein jeglicher muss seinen Helden wählen,
Dem er die Wege zum Olymp hinauf
Sich nacharbeitet. Lass es mich gestehn:
Mir scheinet List und Klugheit nicht den Mann
Zu schänden, der sich kühnen Taten weiht.
OREST. Ich schätze den, der tapfer ist und grad.
PYLADES. Drum hab ich keinen Rat von dir verlangt.

Erläuterungen zur Vorlage 4b. Bereits die ersten Sätze Orests verraten einen völlig verzweifelten, hoffnungslosen Menschen, dem die Götter angeblich die Rolle eines »Schlächter[s]« (V. 707) zugewiesen haben. Die mit diesem brutalen Begriff betriebene Selbsterniedrigung verweist auf seine Selbstaufgabe und seinen Hang zur Selbstauslöschung, der transzendental begründet wird: Hinter der Weisung Apolls zum Muttermord und damit – »eine Schandtat schändlich rächend« (V. 709) – zur Fortsetzung der innerfamiliären Gräueltaten stecke der uralte Hass der Götter auf seine Familie. In diesem zutiefst negativen Götter- bzw. Weltbild gibt es daher auch für ihn als späten Nachfahren des Tantalos kein Entrinnen aus der feindlichen Übermacht. Angesichts der ausweglosen Situation interpretiert er den letzten Orakelspruch als Falle der bösartigen Götter, damit er schuldig in den Tod gerissen wird. Seine drei knappen Einwände gegen den Optimismus und das positive Götterbild des Pylades signalisieren, dass Orest in seinem »Einspruch gegen den Mythos« (Adorno, Sachanalyse, Anm. 1, S. 29) keinem Gegenargument mehr zugänglich ist: Mit seinem grundsätzlichen Misstrauen gegenüber den Göttern (V. 718), seiner Resignation (V. 720) und seiner Todesbereitschaft (V. 729) sind alle Versuche des Freundes gescheitert, Orest von seiner Selbstaufgabe abzubringen. Der Zorn auf die Götter, deren Anweisungen er auch gegen eigene Überzeugungen oder Gefühle (»Mörder meiner doch verehrten Mutter«, V. 708) umgesetzt hatte, ist angesichts der Aussichtslosigkeit der Lage in ohnmächtige Resignation und Verbitterung umgeschlagen, die sich als Replik auf den Optimisten Pylades auch im Sarkasmus seiner Antworten zeigt. Mit seiner Todesbereitschaft boykottiert er zudem die im Orakel vorgesehene eigene Rettung durch die sakrale Entsühnung, weil er den Glauben an diesen sakralen Akt und damit an die Götter verloren hat.

Der grenzenlose Optimismus des Pylades, sein Vertrauen auf die Hilfe der Götter selbst in aussichtsloser Lage zeigt sich vielleicht am deutlichsten in den Versen 737–739. Obwohl den beiden Griechen der Opfertod unmittelbar bevorsteht, deutet er ihre Gefangenschaft und ihren Aufenthaltsort vor dem Diana-Tempel als göttliches Zeichen dafür, dass ihr Auftrag, das Tempelbild nach Griechenland zu entführen, kurz vor seiner Vollendung steht: »Wir waren zu der schönen Tat bestimmt / […] und seltsam sind / Wir an der Pforte schon gezwungen hier.« Diesem Paradoxon, die eigene Gefangennahme und Fesselung (»gezwungen«) als Beleg für einen gottgewollten guten Ausgang zu betrachten, begegnet Orest mit einer ironischen Kritik (V. 740 f., 762) an Pylades' Interpretation eines angeblich göttlichen Willens und an seinem in Wahrheit pragmatischen Vorgehen (»List und Klugheit«). Seine Behauptung, »[d]ie Götter rächen / Der Väter Missetat nicht an dem Sohn« (V. 713 f.), muss dem Tantalidensohn Orest ohnehin wie Hohn vorkommen, weil die blutige Geschichte seiner Vorfahren unter dem Fluch der Götter eine ganz andere Wirklichkeit belegt.

TAFELBILD 4 (Teil 2)

Orest und Pylades: Tantaliden, Vettern, Freunde (2. Aufzug, 1. Auftritt)

[…]

	Orest	Pylades
Grundsätzliche Überzeugungen Wertvorstellungen Weltbild	• Mensch als Marionette willkürlicher, bösartiger Götter (V. 707 ff., 720): • Determiniertheit des Menschen	• behauptet eine Übereinstimmung seines Handelns mit göttlichen Zeichen (V. 730 ff.)
Folgen/Folgerungen	• Glaubensverlust: Durch Todessehnsucht Verweigerung der rituellen Entsühnung • Mensch außerhalb von Entscheidungsfreiheit; dennoch Schuldgefühle, Selbstvorwürfe, Zweifel	• vertraut auf eigene List und Klugheit (V. 765 ff.) • pragmatisches Handeln = Verhalten, das sich nach praktischen Notwendigkeiten, nach praktischem Erfolg richtet und nicht an unveränderliche Prinzipien gebunden ist

4.4 Transfer: Die Darstellung des Orest in dem Drama *Die Eumeniden* aus Aischylos' Trilogie *Die Orestie* (458 v. Chr.)

Überleitung und Problemstellung. Scheinbare Ungereimtheiten in Goethes Figurenkonzeption des Orest, im Idealfall von den Lernenden selbst aufgespürt, evozieren (auf dem Hintergrund eines Textvergleichs mit Aischylos' antikem Konzept in den *Eumeniden*; 4.4) die abschließenden Lernschritte zur Psychologisierung des Konflikts bei Goethe (4.5) und (fakultativ) zum Herstellen biografischer Bezüge (4.6). UG

Leitfragen:
- Warum wird Orest bis zum Wahnsinn von Schuldgefühlen, Reue und Zweifel an seiner Tat gequält, wenn er von der Determiniertheit des menschlichen Willens durch die Götter überzeugt ist?
- Warum erscheinen die Furien/Erinnyen, die so viel Gewalt über Orests Leben haben, nicht als eigenständige Figuren auf der Bühne?

Unterrichtsschritt. Die »moderne« Gestaltung des Orest bei Goethe durch eine Verinnerlichung der Erinnyen wird aus der Kontrastierung mit einer Szene aus Aischylos' *Eumeniden* hergeleitet und veranschaulicht (VORLAGE 4c ***Figurengestaltung im Drama: Orest in Aischylos Drama »Die Eumeniden«, 458 v. Chr.***). Im letzten Teil *Die Eumeniden* innerhalb der Trilogie *Die Orestie* (458 v. Chr.) des griechischen Tragödiendichters Aischylos ist »der Schatten Klytaimnestras« aus der stygischen Pforte emporgeschwebt und hat die Erinnyen zur rastlosen Jagd auf Orest aufgefordert, um den Mord an ihr zu rächen. Die Erinnyen, im Drama als Chor auftretend, entdecken den Muttermörder schließlich allein im Heiligtum der Pallas Athene, wo er sich verzweifelt an ein Bildnis der Göttin klammert und auf deren Schutz und spätere Hilfe in einem öffentlichen Gerichtsverfahren (»seiner Blutschuld Gericht«) hofft.

LV

VORLAGE 4c
➤ S. 35

VORLAGE 4c

Figurengestaltung im Drama: Orest in Aischylos' Drama *Die Eumeniden*, 458 v. Chr.

ORESTES

[…] Das Blut auf meinen Händen schläft. Es ist getilgt,
Und abgewaschen ist die Schuld des Muttermords.
Frisch war es, als ich niederfiel am Herd Apolls.
Durch Ferkelopfer aber ist es nun getilgt.
Lang währte meine Rede von Beginn, wollt ich
Erzählen, wer sich ungefährdet mir genaht.
Denn alles reinigt, da sie älter wird, die Zeit.
So ruf ich ehrerbietig nun mit frommem Mund
Athene an, die waltet über diesem Land,
Dass sie als Helfer komme. […]

Im späteren Gerichtsprozess mit den Göttern Athene und Apoll und dem Ältestenrat Athens beruft sich Orest zu seiner Verteidigung vor allem auf das Orakel zu Delphi und damit auf den Befehl Apolls, den Mord an seinem Vater zu rächen.

Alternative. Falls mehr Zeit verfügbar ist, kann der Lehrervortrag ersetzt werden durch die eigenständige Erarbeitung in Partnerarbeit mit Hilfe des ARBEITSBLATTS 4 ***Die Darstellung der Erinnyen in Aischylos' Drama »Die Eumeniden«***.

PA / UG

ARBEITSBLATT 4
➤ S. 39

Erläuterungen / Lösungshinweise zu VORLAGE 4c **bzw.** ARBEITSBLATT 4. Bei Aischylos verfügen die Erinnyen neben ihrem gefährlichen, abschreckenden Aussehen mit Schlangenhaaren über die Fähigkeit, ihre Opfer mit ihrem schaurigen Gesang in den Wahnsinn zu treiben, ihnen das Blut und alle Lebensenergien auszusaugen und sie in den Tod zu jagen. Mit ihrem Fluch stürzen sie solch unerlöst Verstorbene in den Tartaros (»Auch / Im Tod soll er nicht frei sein«, V. 339 f.), von wo die Klageschreie dieser für ewig Gefolterten durch die ganze Unterwelt dringen. In dieser Selbstdarstellung im Text geht der Machtanspruch der Erinnyen über ihre Opfer sogar über den göttlichen Schutz durch Apoll oder Athene hinaus. Aischylos' Orest vertraut dagegen auf göttliche Hilfe durch (zunächst) Apoll und hier im Dramenauszug durch Pallas Athene, die ihn gemeinsam mit Apoll im Gerichtsprozess des Areopag gegen die Erinnyen unterstützen soll. Da Aischylos die sagenhaften Erinnyen als eine vor allem äußere Bedrohung persönlich auftreten lässt, kann er mit ihrem Aussehen, ihrem Sprechtext und ihrer Sprechweise eine Vorstellung von ihrer Grausamkeit und Blutgier vermitteln und sogar einen Dialog zwischen den Rachegeistern und ihrem Opfer ermöglichen. Gerade hier – im Dialog und im späteren persönlichen Auftreten vor dem Gericht – zeigt sich ein ganz anderer Orest als bei Goethe: Aischylos' Muttermörder beansprucht recht selbstbewusst Entsühnung und Freisprechung, weil er bereits ein Sühneopfer »am Herd Apolls« (V. 282) dargebracht habe, weil er ein friedliebender Mensch sei, weil die Tat bereits lange zurückliege und vor allem weil er nur das Orakel von Delphi und damit den Befehl Apolls ausgeführt habe – noch dazu gegen seine eigenen Skrupel. Apoll hatte dem zögernden Orest nämlich schwere Sanktionen angedroht, falls er den Auftrag nicht erfülle. – Nach dem traditionellen kultischen Ritual der Reinigung kann Orest daher durch einen formalen, nur äußeren Akt entsühnt werden, hier durch das Eingreifen der Göttin in einen Gerichtsprozess.

4.5 Vertiefungsphase: Furien als Wahnvorstellungen des Orest in Goethes *Iphigenie*

UG

VORLAGE 4d

➤ S. 36

Unterrichtsschritt. Im Vergleich der Figurenkonzepte im Unterrichtsgespräch formulieren die Schülerinnen und Schüler die These, dass in Goethes *Iphigenie* eine Verinnerlichung des Konflikts zu unerträglichen Gewissensqualen und damit seine Psychologisierung zu beobachten ist. Durch die gemeinsame Lektüre von V. 1050–72 (III,1) finden sie Goethes moderne Umdeutung der Furien zu innerpsychischen Mächten, die den Muttermörder durch die ständige Erinnerung an den Mord bedrohen, bestätigt.

Als Ergebnissicherung wird eine Formulierungshilfe der Lehrkraft für die komplexen Zusammenhänge (»Hefteintrag«) vorgeschlagen (VORLAGE 4d ***Zusammenfassung: Die Furien als Wahnvorstellungen des Orest***).

VORLAGE 4d

Zusammenfassung: Die Furien als Wahnvorstellungen des Orest

Anders als bei Aischylos verinnerlicht Goethe die Verfolgung des Orest durch die Erinnyen zu dem Gewissenskonflikt eines modernen Menschen ohne den Glauben an erlösende Götter. Orest nimmt die quälende Verantwortung der Tat auf sich, kann aber mit diesem modernen, aufgeklärten Denken nicht mehr rituell durch eine Gottheit entsühnt werden.

Erläuterungen. Auch ohne persönlich präsente Furien kreist Orests Denken in ewigen Selbstvorwürfen um den Muttermord. Die nur imaginierten Erinnyen erscheinen »als Objektivationen des Gewissens, des Schuldbewußtseins, das Orest quält […]. Er leidet sozusagen auf eigene Rechnung« (Wolfdietrich Rasch, *Goethes Iphigenie auf Tauris als Drama der Autonomie*, München 1979, S. 118). In dem Erkennen seiner persönlichen Verantwortung, das ja einhergeht mit seinen Zweifeln an einem guten göttlichen Plan, begreift er seine persönliche Schuld. Die Schülerinnen und Schüler verstehen, dass sein Misstrauen gegenüber den Göttern und damit sein Glaubensverlust ihn mit dieser Schuld allein lässt, denn die traditionelle sakrale Entsühnung des antiken Mythos kann einem solchen modernen Bewusstsein nicht mehr genügen.

Zu V. 1050–72 (III,1): Goethe ergänzt die mythischen drei Hadesgestalten um zwei weitere allegorische Figuren, den Zweifel und die Reue, also sehr menschliche Empfindungen. Die Personifizierung »der Nacht uralten Töchtern« (V. 1054) und das Bild vom Dampf aus der Unterwelt, in dessen »Wolkenkreisen […] / Die ewige Betrachtung des Geschehnen / Verwirrend um des Schuld'gen Haupt« (V. 1063 ff.) sich dreht, verweisen auf Albträume, sorgenvoll durchwachte Nächte und eine ständige gedankliche Fixierung, die jedes klare Denken vernebelt: »Deutlich wird, dass im Zentrum seiner Gemütskrankheit der Zusammenhang von innerem Gewissen und obsessiver Erinnerung an die Vergangenheit steht, der Orest durch das Medium der Erinnyen permanent zum Mord an Klytämnestra zurückführt« (Axel Schmitt, *Johann Wolfgang Goethe. Iphigenie auf Tauris. Unterrichtsvorschläge und Kopiervorlagen*, Berlin 2011, S. 25).

4.6 Goethe und sein Orest – Aspekte zu einem biografischen Zusammenhang (fakultativ)

Unterrichtsschritt. Im abschließenden Lernschritt erkennen die Schülerinnen und Schüler, dass Goethe seiner Dramenfigur Orest Züge seiner eigenen seelischen Spannungen, seiner inneren Zerrissenheit, seiner Gefährdung verliehen hat.

GA (differenziert)

Das Gemälde von Georg Melchior Kraus (1779) mit ***Corona Schröter als Iphigenie und Goethe als Orest in der Uraufführung der Iphigenie auf Tauris*** (6. April 1779; VORLAGE 4e) zeigt einmal mehr Goethes Nähe zu seiner Orest-Figur und dient als Überleitung zu einem Ausschnitt aus der Goethe-Biografie Safranskis (VORLAGE 4f ***Rüdiger Safranski über den 26-jährigen Goethe unmittelbar vor seiner Abreise nach Weimar, 1775***), der durch geeignete Texte ergänzt werden könnte (*Wandrers Nachtlied*, 1776; *Alles geben die Götter*, 1777; *Ein Gleiches*, 1780). Die Wahrnehmung solcher Analogien zwischen dem literarischen Werk und Goethes Leben dient als Aufhänger zur Lektüre der kleinen Übersicht über Goethes Leben in *Iphigenie*, Reclam XL, Anhang 3.1, die fakultativ als Hausaufgabe erfolgt.

VORLAGE 4e ➤ S. 37
VORLAGE 4f ➤ S. 38

Leitfrage/Arbeitsauftrag:

- Zeigen Sie anhand der Materialien (Gemälde, Text u. a.) Goethes persönliche Nähe zu seiner Dramenfigur Orest.

VORLAGE 4e

Melchior Kraus (1737–1806), Goethe als Orest und die Schauspielerin Corona Schröter als Iphigenie, Uraufführung von Goethes *Iphigenie* am 6. April 1779 im Redoutentheater in Weimar. Ölgemälde, 1779.

VORLAGE 4f

Rüdiger Safranski über den 26-jährigen Goethe unmittelbar vor seiner Abreise nach Weimar (1775)

Es gibt Augenblicke, da der junge, noch unbekümmerte Goethe an sich zweifelt [...], Augenblicke der Depression, der Leere. Er nennt sie Krankheit. Der *Werther* erzählt davon. Denn genau besehen ist es gar nicht so sehr die Liebe, die Werther unglücklich macht, sondern das in ihn einsickernde Gefühl von Leere in dem Augenblick, da die großen Gefühle verglimmen. Das ist die wahre Krise, die Goethe, wie er in *Dichtung und Wahrheit* bekennt, selbst auch erlebt hat. Er nennt sie *taedium vitae*, Lebensekel [...]. Goethe schildert, wie er sich, um solcher Leere zu entkommen, zu pathetischen Gesten aufraffte und einen Dolch bereitlegte, wie er sich die prachtvollen Selbstmorde großer Helden der Geschichte zum Vorbild nimmt, einen Kaiser Otho, der sich ins Schwert stürzt, oder einen Seneca, der sich in der Badewanne die Pulsadern öffnet. Verzweiflungsakte, wie sie im Buche stehen.

Rüdiger Safranski: Goethe. Kunstwerk des Lebens.
München: Hanser, 2013. S. 192.

Erläuterung. Auf eine solche persönliche Erfahrung als Hintergrund zur Gestaltung des Orest ist in der Wissenschaft vielfach hingewiesen worden, z.B. von Adorno: »Die inwendige Bewegung des pathisch Schwermütigen [gemeint ist Orest] wird von Goethe, mit einer Erfahrenheit, die ihresgleichen sucht, als eine von Regression dargestellt« (Adorno, Sachanalyse, Anm. 1, S. 30).

Hausaufgabe (fakultativ)

Lektüre der Kurzbiografie Goethes in *Iphigenie*, Reclam XL, Anhang 3.1, S. 78–80.

Die Darstellung der Erinnyen in Aischylos' Drama *Die Eumeniden*

(aus der Tragödien-Trilogie *Die Orestie*, 458 v. Chr.)

Der Schatten Klytämnestras ist aus der Unterwelt emporgeschwebt und hat die Erinnyen zur rastlosen Jagd auf Orest aufgefordert, um den Mord an ihr zu rächen. Die Erinnyen, im Drama als Chor auftretend, entdecken den Muttermörder schließlich allein im Heiligtum der Pallas Athene, wo er sich verzweifelt an ein Bildnis der Göttin klammert und auf deren Schutz hofft.

(Der Chor [der Erinnyen] zieht ein)

CHORFÜHRERIN

Recht so! Auf seiner Fährte sind wir. Es ist klar. […]
Entgegen lächelt mir der Duft von Menschenblut.

CHOR

Äuge und wiederum spähe du rings umher,
Dass nicht entrinne der Mörder der Mutter ungestraft!
Hier ist er, und Schutz ist ihm gewährt.
Der unsterblichen Göttin Bildnis umschlingt
Sein Arm. So stellt er sich einem Gericht.
Nie wird es geschehen. Der Mutter Blut
Im Boden, unwiederbringlich, ach!
Das niederströmte, es ist dahin.
Du musst es erstatten. Den roten Saft
Dem Lebenden schlürfen wir aus dem Leib
Aus dir gewinne ich eklen Trank.
Verzehre dich lebend und zieh dich hinab,
Auf dass du vergeltest mit Qualen den Mord.
Dort siehst du andere Sterbliche noch,
Die, sei's an Göttern, an Freunden, sei's
An lieben Eltern gefrevelt.
Und Recht wird jedem, so wie ihm gebührt.
Gewaltiger Richter der Sterblichen ist
In Tiefen Hades und gräbt es ein
Im Geist und wacht über alles.

ORESTES

[…] Das Blut auf meinen Händen schläft. Es ist getilgt,
Und abgewaschen ist die Schuld des Muttermords.

Frisch war es, als ich niederfiel am Herd Apolls.
Durch Ferkelopfer aber ist es nun getilgt.
Lang währte meine Rede von Beginn, wollt ich
Erzählen, wer sich ungefährdet mir genaht.
Denn alles reinigt, da sie älter wird, die Zeit.
So ruf ich ehrerbietig nun mit frommem Mund
Athene an, die waltet über diesem Land,
289 Dass sie als Helfer komme. […]

CHORFÜHRERIN

299 Nein, nicht die Macht Athenes, nicht Apollons Kraft
wird dich davor bewahren, dass du hilflos irrst,
Dort, wo du keine Freude mehr im Herzen kennst,
302 Ein Schatten, blutlos, von Dämonen ausgesaugt. […]

CHOR

335 […] Unerbittliches Schicksal spann,
Es fest zu bewahren, mir dies Los:
Wer unter Menschen, vermessenen Sinns,
In Blutschuld fällt, ihm nachzugehen,
So lang er wandelt auf Erden. Auch
Im Tod soll er nicht frei sein.
Über das Opfer diesen Sang:
Irrsal, Wirrsal, Wahnsinn!

Aischylos: Die Orestie. Agamemnon. Die Totenspende. Die Eumeniden.
Übers. von Emil Staiger. Stuttgart: Reclam, 1958 [u. ö.].

Im anschließenden Gerichtsprozess mit Athene, Apoll und dem Areopag, dem Ältestenrat Athens, wird Orest trotz des Widerstands der anklagenden Rachegöttinnen von seiner Schuld freigesprochen. Zu seiner Verteidigung hatte er sich vor allem auf das Orakel zu Delphi und damit auf den Befehl Apolls berufen, den Mord an seinem Vater zu rächen. Angesichts der Stimmengleichheit bei der Abstimmung legte die Vorsitzende, die Göttin Pallas Athene, schließlich den entscheidenden weißen Stimmstein. Die Erinnyen wurden in »Eumeniden« (›Wohlgesinnte‹) umbenannt und erhielten als Schutzgötter Athens eigene Altäre.

Arbeitsaufträge:

1. Beschreiben Sie die Möglichkeiten der Erinnyen/Furien, den Racheanspruch Ermordeter durchzusetzen.
2. Wie versucht sich Orest im antiken Drama des Aischylos zu retten?

*3. Vergleichen Sie die Figurengestaltung des Orest bei Aischylos mit Goethes Orest.

5 Orests Entsühnung und Heilung als moderne Lösung Goethes erkennen

Sachanalyse

Das Ende des dritten Aufzugs zeigt einen wie verwandelten Orest: Innerlich befreit und plötzlich voller Lebensfreude und Tatendrang dankt er den Göttern für die eigene seelische Genesung, umarmt seine beiden Verwandten, spürt (»mir sagt's das Herz«, V. 1358) das Ende des Fluchs und den Rückzug der Erinnyen in den Tartarus. Diese Befreiung des Muttermörders von seinen Leiden ist in der Germanistik außerordentlich unterschiedlich gedeutet worden. Dabei wurde der Sühnung Orests oft zu wenig Aufmerksamkeit geschenkt. Sie trat hinter den Aspekt der Heilung zurück,[1] die wegen V. 2119 f. (»Von dir berührt / War ich geheilt«) seiner Schwester und ihrer versöhnenden Ausstrahlung zugeschrieben wurde. Zu dieser Verklärung Iphigenies zu einer weltlichen Heiligen trug auch Goethes Vergleich mit der heiligen Agatha auf einem Gemälde Raffaels bei. Erst ab der Mitte des 20. Jahrhunderts erfolgte eine konsequente Einordnung des Dramas in den ideengeschichtlichen Zusammenhang der Aufklärung.

Da er die eigene Verantwortung für den Muttermord begriffen hat, vollzieht Orest seine Sühne, indem er »das Amt der Furien« (V. 757) selbst auf sich nimmt. In einer selbstquälerischen Auseinandersetzung mit der Tat sucht er den Tod als Selbstbestrafung für seine Schuld. Auch als er in den Äußerungen der Priesterin (V. 932 ff.) die von Pylades erhoffte Fluchtmöglichkeit erkennen müsste, beharrt er auf seinem Todeswunsch: »Ich bin Orest! und dieses schuld'ge Haupt / Senkt nach der Grube sich und sucht den Tod« (V. 1082 f.). Er verweigert damit den von den Göttern geforderten Entsühnungsplan und will seine Schuld auf seine eigene Weise sühnen. Diese persönliche Reue unter Verzicht auf eine kultisch-religiöse Entschuldung entspricht nach Wolfdietrich Rasch[2] der von Kant im Sinne der Aufklärung getroffenen scharfen Unterscheidung zwischen einer persönlichen moralischen Anstrengung oder einer Erfüllung »statutarischer« religiöser Vorschriften, bei denen ein moralischer Zusammenhang eher willkürlich und zufällig sei. Ebenso wie besondere Dienste oder Aufopferungen, die die Gunst des Himmels bewirken sollen, bestehe deren eigentlicher Zweck nämlich in der Unterwerfung unter göttliche Gnade. Alles was mit Offenbarung, Wunderglauben oder »himmlischen Einflüssen« zu tun hat, lehnt Kant daher ebenso ab wie kirchliche Liturgien, Wallfahrten oder Beichten. Er fordert anstelle solcher Gnadenmittel die moralische Selbstverantwortung und vertraut dabei auf die Fähigkeit des mündigen Menschen zu einer persönlichen Besinnung und moralischen Lebensführung. In dieser Vernunftreligion Kants ist daher nicht der Erlösungsgedanke primär, sondern der moralische Lebenswandel: »[A]lles, was, außer dem guten Lebenswandel, der Mensch noch tun zu können vermeint, um Gott wohlgefällig zu werden, ist bloßer Religionswahn und Afterdienst Gottes [Handeln gegen einen wahren Gottesdienst].«[3]

Orests zutiefst erlittene Gewissensqual führt schließlich zu Wahnvorstellungen (V. 582 f., V. 657 ff., V. 750 ff., V. 1142 f., V. 1223 ff.) und hat damit pathologische Züge angenommen, die Pylades Iphigenie gegenüber als Krankheitszustand beschreibt: »Ein fieberhafter Wahnsinn fällt ihn an« (V. 853). Die Ursache seiner Verstörung aber ist moralischer Art; daher kann er »unmöglich geheilt werden, ehe seine Schuld, die Ursache seiner Krankheit, nicht gesühnt und aufgehoben ist«.[4] Dieser Prozess einer autonomen Bewältigung der Schuld wird im zweiten und dritten Aufzug in seinen letzten Phasen dargestellt und gipfelt in Orests Vision von einer im Totenreich versöhnten Familie. Erst Iphigenie und Pylades holen den in den Hades Entrückten in die Wirklichkeit zurück, der nun plötzlich und dauerhaft von seinen Wahnvorstellungen und Gewissensbissen befreit ist. Seine Genesung erfolgt also im Verlauf des dritten Aufzugs, auf dem Höhepunkt der Handlung, und geschieht, ohne dass er das Götterbild heimgeführt und damit die verordnete Bußtat vollbracht hätte; sie findet also nicht auf sakrale, religiöse Weise statt.

Unmittelbar vorausgegangen waren drei Stationen einer äußersten Selbstpeinigung und Verzweiflung, die ihn schließlich in die Tiefe des Hades stürzt. – Zunächst veranlasst ihn die Begegnung mit der Priesterin, seine Identität preiszugeben und sich vor der Fremden als Muttermörder zu dem Verbrechen zu be-

1 Vgl. dazu auch Dieter Borchmeyer, »Iphigenie auf Tauris«, in: *Interpretationen. Goethes Dramen*, hrsg. von Walter Hinderer, Stuttgart 1992, der die Ursache solcher Widersprüche darin sieht, dass »der moralische Aspekt (Sühnung) und der psychische (Heilung) bei Orests ›Gebrechen‹ nicht deutlich unterschieden werden« (S. 149).

2 Wolfdietrich Rasch, *Goethes Iphigenie auf Tauris als Drama der Autonomie*, München 1979.

3 Immanuel Kant, *Religion innerhalb der Grenzen der blossen Vernunft*, hrsg. und erl. von J. H. von Kirchmann, 2. Aufl., Leipzig 1875, S. 204 f. (Viertes Stück, Zweiter Teil: »Vom Afterdienst Gottes in einer statutarischen Religion«).

4 Rasch (Anm. 2), S. 123.

kennen, über das er ihr zuvor selbstquälerisch in allen Einzelheiten berichtet hatte. Nachdem sich Orest trotz anfänglicher Zweifel schließlich von der wahren Identität der Priesterin überzeugt hat, kann er ihre Freude über das unerwartete Wiedersehen keineswegs teilen, weil er die Begegnung sofort in die Kontinuität des Tantalidenfluchs einordnet. Im Gegensatz zu Iphigenie mit ihrem positiven Götter- und Weltbild vermag er angesichts der bedrohlichen äußeren Situation in der Priesterin nur die Vollstreckerin seines eigenen Opfertods zu sehen: »Gut, Priesterin! ich folge zum Altar: / Der Brudermord ist hergebrachte Sitte / Des alten Stammes« (V. 1228–30). Seine in II,1 als Anklage gegen die olympischen Gottheiten vorgebrachte Vermutung vom ewigen Fortwirken des Fluchs und damit von einem Unterworfensein der Menschen unter allmächtige, bösartige Götter scheint durch die Fakten, die er vorfindet, endgültig empirisch bestätigt zu sein: »Die liebevolle Schwester wird zur Tat / Gezwungen. Weine nicht! Du hast nicht Schuld« (V. 1248 f.). Diese Wahrnehmung der Situation als Vollendung eines perfiden göttlichen Racheplans und damit als unentrinnbares mythisches Verhängnis stürzt ihn in eine radikale Verzweiflung: »Und lass dir raten, habe / Die Sonne nicht zu lieb und nicht die Sterne; / Komm, folge mir ins dunkle Reich hinab!« (V. 1232–34).

Dieser Wahnsinnsszene folgt tatsächlich, wenn auch nur als Vision, Orests Weg in den Hades, und damit »als höchster Grad der Selbstpeinigung der Moment, in dem das Maß des Leidens voll und das Verbrechen gesühnt ist«.[5] Im Reich der Toten stößt er auf seine Vorfahren, die ungeachtet ihrer furchtbaren Verbrechen Frieden miteinander geschlossen haben: »An jener avanciertesten Stelle seines Stücks dient Goethe der ganzen Humanität, indem er die Tabus der halben, domestizierten verletzt, die auf ewige Höllenstrafen nicht verzichten mag.«[6] Im Moment der höchsten Gefährdung seiner physischen Existenz und seines Weltbilds entwickelt Orest aus seinem Unterbewusstsein die Vision einer Befriedung des Mythos in der Unterwelt: »Wir sind hier alle der Feindschaft los« (V. 1288). Goethe »entführt den Orest ins Weltalter nach dem Mythos«[7] und gestaltet mit dessen Versöhnungstraum einen Gegenentwurf aus dem Geist der Humanität. Während bei Homer (*Odyssee*, 11. Gesang) der von seiner Frau ermordete Agamemnon als Schatten in der Unterwelt das Verbrechen nicht vergessen kann und hasserfüllt über »die tückische Klytämnestra« schimpft (V. 422), begegnet Orest miteinander versöhnten Eltern, die auch ihn willkommen heißen. Im »Traumvorgang, der aus der Tiefenschicht des Unbewußten heraufdringt, vollzieht sich die Versöhnung«[8], sogar mit seiner Mutter. Damit ist – Höhepunkt und Peripetie des Dramas – seine Schuld, die Ursache seiner Krankheit, gesühnt und aufgehoben.

In der heilsamen Utopie eines Wahnsinnigen distanziert sich Goethe also von bedrohlichen mythischen Vorstellungen über das Jenseits und emanzipiert sich auch selbst von Schreckensszenarien, unter denen er als Kind in seiner Vorstellung von Höllenstrafen gelitten hatte:[9] »Daß und wie seine Schuld ›rein menschlich‹ gesühnt werden kann, war für Goethe eines der für ihn persönlich bedeutsamen Motive, deretwegen er den Iphigenie-Stoff aufnahm.«[10] Noch im Traum trinkt Orest einen Becher »aus Lethes Fluten« (V. 1258) und verlangt im Aufwachen nach einem weiteren Vergessenstrunk.[11] Indem er allmählich zur Wirklichkeit zurückfindet, begreift er ein weiteres, reales Signal der Versöhnung. Unmittelbar vor seinem Ohnmachtsanfall hatte er in einer Wahnvorstellung Iphigenie bereits das Opferritual und damit den Racheakt des Fluchs vollziehen sehen (»Ja, schwinge deinen Stahl [...] / Zerreiße diesen Busen«, V. 1252 f.), im Aufwachen findet er sich dagegen in den Armen einer liebevollen Schwester wieder, die ihre gemeinsame Rettung betreiben wird. Im Bewusstsein seiner Entsühnung in Traum und Wirklichkeit (vgl. V. 1358 ff.) und der dadurch bewirkten Heilung dankt er den Göttern, dass sie seine persönliche Art der Sühne angenommen haben und ihm seine autonome Form der Befreiung und das neue Lebensgefühl »gönn[en]« (V. 1356). Denn nach Goethes Ansicht muss auch der selbstverantwortliche Mensch für das, was ihm aus eigenen Kräften gelingt, den Göttern dankbar sein: »Die Autonomie dieses Vorgangs wird durch Orests späteres Dankgebet nicht aufgehoben«.[12]

Mit diesem an Orest gezeigten Weg, mit einer Schuld in einem aufgeklärten Zeitalter selbständig fertig zu werden und die Schuldgefühle ohne kultische Rituale eigenständig zu bewältigen, stellt Goethe einen hohen Anspruch, wie Rasch betont: »Insofern bedeutet die ohne übernatürlichen Ausgleich geleistete Bewältigung der Schuld, die Sühne im rein mensch-

5 Borchmeyer (Anm. 1), S. 150.
6 Theodor W. Adorno, »Zum Klassizismus von Goethes ›Iphigenie‹«, in: Th. W. A., *Noten zur Literatur IV*, hrsg. von Rolf Tiedemann, Frankfurt a. M. 1974, S. 28.
7 Ebd., S. 29.

8 Rasch (Anm. 2), S. 124.
9 Vgl. Goethe, *Dichtung und Wahrheit*, hrsg. von Walter Hettche, Stuttgart 1991 [u. ö.], S. 309 ff. (Zweiter Teil, Siebentes Buch).
10 Rasch (Anm. 2), S. 117.
11 Ausgenommen von der allgemeinen Exkulpation der Familie ist lediglich Tantalus: Offenbar betrifft die Entsühnung »nur die *Erb*schuld, die Prädestination der Tantaliden zum Bösen, nicht die *Ur*schuld, welche den Fluch ausgelöst hat«, Borchmeyer (Anm. 1), S. 150.
12 Rasch (Anm. 2), S. 126.

lichen Bereich, ein Höchstmaß an Autonomie, das Goethe in Orest darstellt, ähnlich wie der von der Kirche verurteilte Selbstmord Werthers einen extremen Grad des Verfügens über sich selbst, über das eigene Leben bedeutet: Höchstmaß an Selbstbestimmung dort wie hier.«[13]

13 Rasch (Anm. 2), S. 129.

Unterrichtsverlauf

Überblick. Die Schülerinnen und Schüler vergleichen den Heilungsprozess des Orest bei Goethe mit der kultischen Befreiung Orests von den Erinnyen in antiken Vorlagen. Sie erarbeiten sich in 5.3 eine differenzierte Bewertung der modernen Gestaltung des antiken Stoffs durch Goethe und vertiefen ihre Erkenntnisse mit Texten, die Bezüge zur Aufklärung und zum Sturm und Drang ermöglichen. ! **Verkürzter Verlauf: 5.1 – 5.2 – 5.3**

Phase	Thema	Sozialform	Kompetenzen und Lernziele	Materialien
Voraussetzungen: Kenntnis der ersten drei Aufzüge (für 5.5: Kenntnis von Goethes »Prometheus«-Hymne)				
5.1	Textimpuls zur rätselhaften Heilung des Orest	UG	• Formulieren von Hypothesen	VORLAGE 5a ➤ S. 44
5.2	Die Befreiung Orests von den Erinnyen auf einem antiken Relief	UG	• Umgang mit Bildern • Motiv der Antike vergleichend deuten	VORLAGE 5b ➤ S. 44
5.3	Die letzten drei Phasen der Entsühnung und Heilung Orests	PA / UG	• Im textnahen Lesen Sinnzusammenhänge zwischen einzelnen Einheiten des Textes herstellen	VORLAGE 5c ➤ S. 45 TAFELBILD 5 (Teil 1) ➤ S. 45
5.4 **fakultativ**	Feindschaft und Hass noch im Jenseits: Odysseus' Bericht über Agamemnon in Homers *Odyssee*	UG	• Goethes Figurenkonzept des Orest aus dem Geist der Aufklärung und Klassik begreifen	VORLAGE 5d ➤ S. 46 TAFELBILD 5 (Teil 2) ➤ S. 48
5.5 **fakultativ**	Einordnung der Heilung Orests in biografische, literaturgeschichtliche und philosophische Zusammenhänge	PA	• Beim Deutungsprozess textexterne Bezüge berücksichtigen	ARBEITSBLATT 5 ➤ S. 49
HA	Vorbereitende Lektüre des vierten und fünften Aufzugs			*Iphigenie*, Reclam XL, S. 43–66

5.1 Textimpuls zur rätselhaften Heilung des Orest

Unterrichtsschritt. Die Versuche der Lerngruppe, den ohne Versangabe präsentierten kurzen Text der VORLAGE 5a richtig einzuordnen (V. 1358–64) und den Handlungszusammenhang herzustellen, informieren die Lehrkraft über Kenntnisstand und Rezeptionsleistung (Leseauftrag) des Kurses. UG

VORLAGE 5a ➤ S. 44

Leitfrage:
- Warum ist Orest geheilt, obwohl er die im Mythos überlieferte göttliche Bedingung seiner Heilung nicht erfüllt hat, nämlich den Auftrag Apolls, das Bildnis der Artemis nach Griechenland zu bringen?

Erläuterungen zur VORLAGE 5a. Die Heilung Orests zeigt sich in einer inneren Befreiung, dem Abzug der zu Eumeniden mutierten Erinnyen und einem großartigen neuen Lebensgefühl. Der Vergleich zu V. 571–573 (»dem eine

Götterhand / Das Herz zusammendrückt, den Sinn betäubt, / Dem schönen Licht der Sonne zu entsagen«) belegt diese Genesung und veranschaulicht neben der neuen Lebensfreude auch die intensive sinnliche Wahrnehmung des Geheilten. Daraus resultiert in direkter Anknüpfung an das Ergebnis der Vorstunde die Leitfrage der Stunde.

Die Offenheit des Unterrichtsgesprächs, auch verursacht durch unterschiedlichen Kenntnisstand über den weiteren Handlungsverlauf, wird kanalisiert durch die Wiederholung der Ergebnisse der Vorstunde, wonach Goethe die Erinnyen zu dem Gewissenskonflikt eines modernen Menschen verinnerlicht: Orest wird nicht von »realen« Erinnyen gejagt, sondern hat selbst die Verantwortung für seine Tat übernommen und setzt sich selbstquälerisch mit seiner Schuld auseinander (vgl. Tafelbild der Vorstunde: »Todessehnsucht«). Im Gegensatz zu Pylades glaubt dieser moderne Orest als »Aussteiger« aus dem Mythos nicht an eine göttliche Begnadigung durch die auferlegte Bußtat, den Tempelraub.

VORLAGE 5a

Es löset sich der Fluch, mir sagt's das Herz.
Die Eumeniden ziehn, ich höre sie,
Zum Tartarus und schlagen hinter sich
Die eh'rnen Tore fernabdonnernd zu.
Die Erde dampft erquickenden Geruch
Und ladet mich auf ihren Flächen ein,
Nach Lebensfreud und großer Tat zu jagen.

5.2 Die Befreiung Orests von den Erinnyen auf einem antiken Relief

UG

VORLAGE 5b
➤ S. 44

Unterrichtsschritt. Die erneute mediale Präsentation des Orest-Sarkophags dient einer Vertiefung durch Veranschaulichung und Kontrastierung. – Die Schülerinnen und Schüler erkennen in der Distanzierung Goethes von der hier ins Bild gesetzten mythischen Vorlage einen modernen Neuansatz: Auch ohne Vollzug des göttlichen Auftrags ist Orest bereits am Ende des dritten Aufzugs geheilt.

VORLAGE 5b

Ausschnitt aus einem römischen Sarkophagrelief mit Episoden aus der Sage von Orest (130–140 n. Chr.). Staatliche Antikensammlung und Glyptothek München. Fotografiert von Renate Kühling.

Erläuterungen zur Abbildung VORLAGE 5b. Das Relief zeigt die Fortsetzung des Sarkophagreliefs aus der Vorstunde, den mittleren und den rechten Teil, bestehend aus drei Szenen. Die erste zeigt einen ermattet niedergesunkenen Orest, der von Pylades gestützt wird. In seiner linken Hand hält er eine Schwertscheide, in der rechten das gesenkte Schwert, mit dem er gegen eine ihn verfolgende Rachegöttin gefochten hatte, die mit einer von Schlangen umwundenen Fackel und einer Peitsche gerade hinter einem Felsen oder einer Mauer verschwindet. In der mittleren Szene trägt Iphigenie das geraubte Kultbild der Göttin, während ihr Bruder ihnen mit gezücktem Schwert einen Fluchtweg freikämpft. Die Schlussszene zeigt (verkleinert) Heck und ein Ruderblatt eines Schiffs. Einer der Gefährten Orests geleitet Iphigenie, die nun in einen Mantel gehüllt ist, vorsichtig an Bord. Sie blickt besorgt zurück, wo Orest offenbar direkt aus dem Kampfgetümmel kommend auf einer Laufplanke an Bord stürmt.

Das Relief (130–140 n. Chr.) entspricht dem griechischen Mythos und zeigt Orest zunächst noch gezeichnet von der Auseinandersetzung mit einer Erinnye, danach auf seinem blutigen Weg zu der von Apoll verheißenen Heilung durch die auferlegte Bußtat, den Tempelraub, an dem Iphigenie wesentlichen Anteil hat.

5.3 Die letzten drei Phasen der Entsühnung und Heilung Orests

Unterrichtsschritt. Drei Textabschnitte aus dem dritten Aufzug werden arbeitsteilig als Partnerarbeit in drei Gruppen erschlossen (VORLAGE 5c ***Drei Etappen auf dem Weg zur Heilung Orests***). Die vorgestellten Ergebnisse informieren den Kurs mit Hilfe eines Unterrichtsgesprächs und der Ergebnissicherung im TAFELBILD 5 über den Weg der Selbstheilung Orests gemäß den Ausführungen in der Sachanalyse.

PA / UG

VORLAGE 5c
➤ S. 45

TAFELBILD 5 (Teil 1)
➤ S. 45

VORLAGE 5c

Drei Etappen auf dem Weg zur Heilung Orests

Arbeitsaufträge:

1. Informieren Sie die beiden anderen Gruppen zunächst über den Inhalt des Dialogs bzw. Monologs in einem der Abschnitte
   III,1, V. 949–1093
   III,1, V. 1118–1257
   III,2 und III,3, V. 1258–1368.
2. Beschreiben Sie die seelische Verfassung Orests, und einigen Sie sich auf wenigstens drei Ausdrücke oder Teilsätze aus dem Text, die sich bei einer schriftlichen Darstellung als Zitate eignen.
3. Bereiten Sie einen Abschnitt von wenigstens 20 Versen zum szenischen Lesen vor.

TAFELBILD 5 (Teil 1)

Orests Entsühnung und Heilung (3. Aufzug)

Orests Schilderung des Verbrechens
und sein Geständnis der Täterschaft,
Reue/Todessehnsucht

⬇

Erkennungsszene und radikale Verzweiflung Orests
wegen der vermuteten Unabänderlichkeit des Fluchs

⬇

Vision eines friedlichen Jenseits
Versöhnung und Aufhebung des Fluchs
als Imagination und zugleich als persönliche Erfahrung (Iphigenie)

Orests Schuldgefühle sind quälend und zerrüttend, führen aber zu seiner Heilung, weil er mit dieser Qual und Reue sein Verbrechen büßt. Die Entsühnung findet rein menschlich, als autonomer Prozess ohne göttliches Einwirken statt.

5.4 Feindschaft und Hass noch im Jenseits: Odysseus' Bericht über Agamemnon in Homers *Odyssee* (fakultativ)

UG

VORLAGE 5d
➤ S. 46
TAFELBILD 5
(Teil 1)
➤ S. 45

Unterrichtsschritt und Erläuterung. Die Bedeutung der Versöhnungsvision Orests als moderner Gegenentwurf zum Mythos wird der Lerngruppe mit einem Text aus der *Odyssee* als Kontrastfolie vermittelt, der als Lehrervortrag präsentiert oder medial dargeboten wird (VORLAGE 5d ***Homer: »Odyssee«, 11. Gesang, V. 404–434***). Während seines Besuchs in der Unterwelt trifft Odysseus auf den Schatten Agamemnons, der selbst im Jenseits noch unerlöst von dem Fluch ist und voller Rachsucht hasserfüllt über »die tückische Klytämnestra« (V. 422) schimpft, weil er die Verbrechen seiner Frau und seines Vetters nicht vergessen kann. – Goethes Revision aus dem Geist der Humanität der Aufklärung befriedet den Mythos in der Unterwelt: Der von den Göttern verhängte Fluch der ewigen Rachsucht ist beendet, die Tantaliden haben Frieden miteinander geschlossen; ungeachtet ihrer furchtbaren Verbrechen erleiden sie keine Höllenqualen im Tartaros, sondern »gehen friedlich […] in vertraulichen Gesprächen« (V. 1271–75), weil im Reich der Toten »die Rache wie das Licht der Sonne« (V. 1278) verloschen ist. Die allgemeine Exkulpation betrifft aber nicht die Urschuld, die den Fluch ausgelöst hatte, denn die Götter bleiben Tantalus gegenüber unversöhnlich (vgl. V. 1307–09). – Das Ergebnis des Unterrichtsgesprächs wird im TAFELBILD 5 (Teil 1, zusammenfassender Schlusssatz) ergänzt.

VORLAGE 5d

Homer: *Odyssee*, 11. Gesang, V. 404–434

Bei seinem Besuch in der Unterwelt trifft Odysseus auf den Schatten Agamemnons.

»So sprach ich [Odysseus], und gleich erwiderte er [Agamemnon] und er sagte:
›Göttlicher Laertiade, erfindungsreicher Odysseus,
Weder hat mich zur See in den Schiffen bezwungen Poseidon,
Noch auch haben zu Land mich feindliche Männer erschlagen,
Sondern Ägisthos bereitete mir den Tod und das Schicksal;
Mit der verderblichen Gattin nach Hause mich ladend, erschlug er
Mich beim Mahl, wie einer ein Rind erschlägt an der Krippe.
So starb ich den kläglichsten Tod; um mich die Gefährten
Wurden dahingeschlachtet, wie man weißzahnige Schweine
Schlachtet im reichen Haus eines vielvermögenden Mannes,
Sei es zur Hochzeit oder zum Schmaus oder blühenden Festmahl
Schon bei vieler Männer Gemetzel warst du zugegen,
Sei es im Einzelkampf, sei's in der heftigen Feldschlacht,
Hättest du das gesehn, es hätte dich mehr noch gejammert:
Wie wir da um das Mischgefäß und die Tische, die vollen,
Rings in der Halle lagen; der Boden dampfte vom Blute.
Jammervoll hörte ich da der Priamostochter Kassandra
Schrei; es tötete sie die tückische Klytämnestra
Neben mir; aber ich schlug, die Hände noch einmal erhebend,
Hin zu Boden und starb ums Schwert; die Hündische aber
Wandte sich ab und nahm es nicht auf sich, mir, der zum Hades
Ging, mit den eigenen Händen den Mund und die Augen zu schließen.
Wie doch scheußlicher nichts und hündischer als eine Frau ist,
Welche solche Taten in ihren Gedanken gefaßt hat;
Wie auch jene ersann die ungebührliche Untat,
Ihrem Jugendgemahl den Mord zu bereiten; ich wähnte
Wahrlich ersehnt zu meinen Kindern und dem Gesinde
Heimzukehren; doch sie ersann so überaus Arges,
Daß sie über sich selber und über die künftigen schwachen
Frauen Schande ergoß, auch wenn eine rechtschaffen wäre.‹«

Homer: Odyssee. Griech./Dt. Übers., Nachw. und Register
von Roland Hampe. Stuttgart: Reclam, 1979 [u. ö.]. S. 351–353.

5.5 Einordnung der Heilung Orests in biografische, literaturgeschichtliche und philosophische Zusammenhänge (fakultativ)

Unterrichtsschritt. Anhand von Texten, die auf dem ARBEITSBLATT 5 ***Orests Entsühnung und Heilung*** zusammengestellt sind, vertiefen die Lernenden in Partnerarbeit die bisherigen Ergebnisse und erkennen Bezüge zur Aufklärung und zum Sturm und Drang. Der unterschiedliche Schwierigkeitsgrad der Texte ermöglicht ein individualisiertes bzw. binnendifferenziertes Unterrichten. Eine mediale Darbietung der drei Texte kann die Ergebnispräsentation unterstützen. Das TAFELBILD 5 (Teil 2) wird ergänzt.

PA

ARBEITSBLATT 5 ➤ S. 49

TAFELBILD 5 (Teil 2) ➤ S. 48

Erläuterungen zu ARBEITSBLATT 5.

Text 1: Goethe beschreibt hier eindringlich sein Gefühl als Kind und Heranwachsender, nie ohne Schuld, ohne Sünde zu sein, als eine quälende »Gewissensangst«. Diese Sündenangst und der Eindruck, bei der Sündenvergebung nicht befreit zu werden, sondern einem unbegreiflichen Buß- und Absolutionsritual unterworfen zu sein (damals gab es auch in der evangelischen Kirche noch Formen einer Beichte), belasteten seine Kindheit und bewirkten eine frühe Distanzierung von der Kirche. Die Suche nach einer alternativen, dem autonomen Menschen gemäße Form, mit Schuld umzugehen, steht also im Zusammenhang mit einem persönlichen und zugleich epochentypischen säkularen Emanzipationsvorgang.

Text 2: Es ist von Vorteil, wenn das an Zeus gerichtete Rollengedicht als zur kanonischen Lyrik des Sturm und Drang gehörig bereits bekannt ist und in Auszügen in Erinnerung gebracht werden kann. Da die Mythologie für Goethe ein Vorrat »göttlicher und menschlicher Symbole« (*Dichtung und Wahrheit*, 15. Buch) war, steht Zeus hier als Symbolfigur eines drohenden, furchterregenden Gottes schlechthin, den es auch noch in der christlichen Kirchenlehre des 18. Jahrhunderts, z.B. in der orthodoxen protestantischen Lehre gab (Rasch, Sachanalyse, Anm. 2, S. 58). Die Hymne/Ode mit ihrer Entmachtung der Götter entstand fünf Jahre vor der Prosafassung der *Iphigenie*. Im Zentrum des Selbstbewusstseins steht das in dem Bild »[h]eilig glühend Herz« vermittelte eigene Lebensgefühl mit seiner Emotionalität. Die eigene Leidenschaft und Gefühlstiefe werden als »heilig« erklärt und ersetzen die Götter, die wegen ihrer Untätigkeit und Gleichgültigkeit zu »Schlafenden« deklariert werden. Die frühere kindliche Gläubigkeit wird als Irrweg erkannt. Nach Rasch war die Aufhebung einer »knechtische[n] Unterwerfung im Verhältnis zu Gott« zugleich die »Voraussetzung für die Entfaltung eines bürgerlichen Selbstbewußtseins im Verhältnis zum weltlichen Herrscher« (Rasch, Sachanalyse, Anm. 2, S. 66). – Die Schülerinnen und Schüler begreifen die eigenständige Sühnung und Heilung Orests als einen Anspruch auf metaphysische Freiheit, wie er bereits für den jungen Goethe bzw. den Sturm und Drang kennzeichnend war. Sie begreifen die leitmotivische Funktion des Bildes vom »[h]eilig glühend Herz« für das natürliche Lebenszentrum des Menschen. Zugleich erkennen sie dessen Kontinuität in der Sprache des Herzens im Drama *Iphigenie auf Tauris*: Orest spürt die Überwindung seiner schweren Krise mit dem Herzen (»mir sagt's das Herz«, V. 1358), und Iphigenie beruft sich bei ihrem Widerstand gegen Pylades und ihren Appellen an Thoas immer wieder auf ihr Herz. Dadurch werden die Schülerinnen und Schüler befähigt, das Drama neben den zahlreichen bisherigen Bezügen zur Epoche der Aufklärung auch in einen literaturgeschichtlichen Zusammenhang zum Sturm und Drang einzuordnen.

Text 3: Kants bedeutendste religionsphilosophische Schrift *Die Religion innerhalb der Grenzen der bloßen Vernunft* entstand 1793/94, einige Jahre nach der Erstfassung der *Iphigenie*. – Der kategorische Imperativ, dieser durch die Vernunft überprüfbare Maßstab, ist, so Kant, das entscheidende Kriterium für alle Religionen der Welt und ebenso für das Handeln des Einzelnen. Im Appell des Gewissens erlebt der Mensch eine moralisch fordernde Situation, eine innere Stimme, die ihn zu einem guten Lebenswandel auffordert. Dieser Anruf des Sollens führt zur freien Stellungnahme. Dem kategorischen Imperativ zu entsprechen (aus Pflicht) ist der einzig wahre Gottesdienst. Der Mensch soll daher nicht irgendwelchen beliebigen Statuten der jeweiligen Religionen dienen, die in keinem Zusammenhang stehen mit dem kategorischen Imperativ und einer entsprechenden moralischen Prüfung nicht standhalten würden. Kant protestiert also gegen willkürlich festgesetzte religiöse Gebote und Verbote, beliebig festgesetzte Glaubensregeln, unter die natürlich auch der Auftrag Apolls an Orest durch das Orakel von Delphi fallen würde, der mit Raub und Kampf verbunden ist. – In seiner selbstquälerischen Reue durch den Appell des Gewissens vollzieht Orest dagegen die Sühne eines autonomen Menschen im Sinne der Aufklärung.

TAFELBILD 5 (Teil 2)

Orests Entsühnung und Heilung (3. Aufzug)

[…]

Diese Vorstellung Goethes von einem »Selbsthelfertum« entspricht dem Bewusstsein des Sturm und Drang ebenso wie der Idee der Aufklärung von der Selbstbestimmung des Menschen. Goethe gestaltet also in der *Iphigenie* zeitgenössische Themen in einem antiken Gewand.

Hausaufgabe

Vorbereitende Lektüre des vierten und fünften Aufzugs (*Iphigenie*, Reclam XL, S. 43–66).

Orests Entsühnung und Heilung

Text 1: Goethes Erinnerungen an Schuldgefühle während seiner Kindheit (Auszug aus seiner Autobiografie *Dichtung und Wahrheit*, 1812)

»Ich habe mehrere Menschen gekannt, die, bei einer ganz verständigen Sinnes- und Lebensweise, sich von dem Gedanken an die Sünde in den Heiligen Geist und von der Angst solche begangen zu haben nicht losmachen konnten. Ein gleiches Unheil drohte mir in der Materie von dem Abendmahl. [...] Alles Furchtbare, was ich [...] von Gottesurteilen, den seltsamsten Prüfungen durch glühendes Eisen, flammendes Feuer, schwellendes Wasser gelesen hatte, selbst was uns die Bibel von der Quelle erzählt, die dem Unschuldigen wohl bekommt, den Schuldigen aufbläht und bersten macht, das alles stellte sich meiner Einbildungskraft dar und vereinigte sich zu dem höchsten Furchtbaren, indem falsche Zusage, Heuchelei, Meineid, Gotteslästerung, alles bei der heiligsten Handlung [beim Abendmahl] auf dem Unwürdigen zu lasten schien, welches um so schrecklicher war, als ja niemand sich für würdig erklären durfte, und man die Vergebung der Sünden, wodurch zuletzt alles ausgeglichen werden sollte, doch auf so manche Weise bedingt fand, dass man nicht sicher war, sie sich mit Freiheit zueignen zu dürfen.

Dieser düstre Skrupel quälte mich dergestalt, [...] dass jenes Schreckbild nur an furchtbarem Ansehen dadurch gewann, und ich mich, sobald ich Leipzig erreicht hatte, von der kirchlichen Verbindung ganz und gar loszuwinden suchte.«

Johann Wolfgang Goethe: Dichtung und Wahrheit. Hrsg. von Walter Hettche. Stuttgart: Reclam, 1991 [u. ö.]. S. 315 f. [Siebentes Buch.]

Text 2: »Selbsthelfertum« in Goethes *Prometheus*-Hymne* (1774, Auszug)

[...] Da ich ein Kind war,
Nicht wusste, wo aus, wo ein,
Kehrt' ich mein verirrtes Aug
Zur Sonne, als wenn drüber wär'
Ein Ohr, zu hören meine Klage,
Ein Herz, wie meins,
Sich des Bedrängten zu erbarmen.

Wer half mir wider
Der Titanen Übermut?
Wer rettete vom Tode mich,
Von Sklaverei?
Hast du nicht alles selbst vollendet,

* Oft auch als Ode bezeichnet, da dem Gedicht die für eine Hymne typische Verherrlichung Gottes bzw. der Götter fehlt.

Heilig glühend Herz?
Und glühtest jung und gut,
Betrogen, Rettungsdank
Dem Schlafenden da droben?

Ich dich ehren? Wofür?
Hast du die Schmerzen gelindert
Je des Beladenen?
Hast du die Tränen gestillet
Je des Geängsteten?
Hat nicht mich zum Manne geschmiedet
Die allmächtige Zeit
Und das ewige Schicksal,
Meine Herren und deine? [...]

Johann Wolfgang Goethe: Fünfzig Gedichte. Ausgew. von Dietrich Bode.
Stuttgart: Reclam, 1999 [u.ö.]. S. 19 f.

Text 3: Immanuel Kant, *Die Religion innerhalb der Grenzen der bloßen Vernunft* (1793/94)

»Die wahre alleinige Religion enthält nichts, als Gesetze, d.i. solche praktische Prinzipien, deren unbedingter Notwendigkeit wir uns bewusst werden können, die wir also, als durch reine Vernunft (nicht empirisch) offenbart, anerkennen.* Nur zum Behuf [Zweck] einer Kirche [...] kann es Statuten, d.i. für göttlich gehaltene Verordnungen geben, die für unsere reine moralische Beurteilung willkürlich und zufällig sind. Diesen statutarischen Glauben nun (der allenfalls auf ein Volk eingeschränkt ist und nicht die allgemeine Weltreligion enthalten kann) für wesentlich zum Dienste Gottes überhaupt zu halten und ihn zur obersten Bedingung des göttlichen Wohlgefallens am Menschen zu machen, ist Religionswahn, dessen Befolgung ein Afterdienst, d.i. eine solche vermeintliche Verehrung Gottes ist, wodurch dem wahren, von ihm selbst geforderten Dienste gerade entgegen gehandelt wird. [...] [A]lles, was, außer dem guten Lebenswandel, der Mensch noch tun zu können vermeint, um Gott wohlgefällig zu werden, ist bloßer Religionswahn und Afterdienst Gottes [Handeln gegen einen wahren Gottesdienst].«

Immanuel Kant: Die Religion innerhalb der Grenzen der blossen Vernunft.
Hrsg. und erl. von J.H. von Kirchmann. 2. Aufl. Leipzig: Koschny, 1875. S. 201–205.

* Damit bezieht sich Kant auf den kategorischen Imperativ als einzigen Maßstab nicht nur für den Einzelnen, sondern auch für Religionen und deren Prinzipien.

Arbeitsaufträge:

1. Präsentieren und erklären Sie dem Kurs Ihren Text.
2. Stellen Sie einen Bezug her zur Entsühnung und Heilung Orests in Goethes Drama.

6 Iphigenies Konflikt mit Pylades und dessen Fluchtplan begreifen

Sachanalyse

Nach der Heilung des Orest, die in IV,4 von Pylades bestätigt wird, konzentriert sich die äußere Handlung auf die gemeinsame Flucht der Griechen von der Insel. Gemäß dem Fluchtplan, den Pylades entworfen hat, kommt Iphigenie dabei eine Schlüsselrolle zu: Sie soll den Skythen gegenüber behaupten, das »Bild« (V. 1563) der Göttin[1] sei durch die Gegenwart eines der beiden Todeskandidaten, der schwere Blutschuld auf sich geladen habe, entheiligt worden und müsse am Ufer des Meeres gereinigt und neu geweiht werden. Auf diese Weise können sich Orest und Pylades des Bildes bemächtigen und alle gemeinsam auf dem Schiff der Griechen fliehen. Der Plan gleicht dem entsprechenden Vorhaben in Euripides' *Iphigenie bei den Taurern*, schließt also den Raub des Götterbilds ein, der für Pylades nach wie vor die kultische Voraussetzung für eine endgültige Befreiung Orests von den Erinnyen ist. Bei Euripides ist es allerdings Iphigenie selbst, die diesen Plan schmiedet, während Goethes Iphigenie sehr schnell (IV,1) erkennt, dass sie den Anforderungen der ihr von Pylades zugedachten Rolle nicht gewachsen ist: »Ich habe nicht gelernt zu hinterhalten, / Noch jemand etwas abzulisten. Weh!« (V. 1403 f.). Ihre Bedenken gegen Lüge und Betrug als Teil des Rettungs- und Fluchtplans entstehen einerseits aus der menschlichen Nähe und Verbundenheit gegenüber Thoas – eine Wahrnehmung, die Pylades natürlich überhaupt nicht nachvollziehen kann –, resultieren aber auch aus der Aufrichtigkeit ihres Charakters, die unvereinbar ist mit einer Lüge, und sind darüber hinaus von grundsätzlicher Natur, weil ihr im Sinne der Aufklärung der innere Zusammenhang von Wahrheit und Freiheit bewusst ist: »O weh der Lüge! Sie befreiet nicht, / Wie jedes andre wahrgesprochne Wort, / Die Brust; sie [...] ängstet / Den der sie heimlich schmiedet« (V. 1405–08). Mehr noch: Indem sie der Lüge misstraut, weil sie sich schließlich gegen ihren Urheber wendet (»sie kehrt [...] zurück / Und trifft den Schützen«, V. 1408–11), bezweifelt sie nicht nur die ethische Berechtigung dieses Fluchtplans, sondern auch dessen taktischen Erfolg. Und schließlich ist da noch ihre stille Hoffnung auf eine Aufhebung des Atridenfluchs, deren Voraussetzung ihre eigene »Reinheit« ist, die durch eine Lüge und die Beteiligung an einem Raub getrübt wäre.[2] – Ihre zunächst im Zwiegespräch mit den Göttern im Monolog IV,1 geäußerten Zweifel werden durch die Begegnung mit Arkas noch vertieft, der sie an ihr segensreiches Wirken auf Tauris erinnert und nach wie vor hofft, sie werde ihre Verweigerung einer Heirat mit Thoas nicht zum Äußersten, den Rückfall in Barbarei, eskalieren lassen.

In IV,4 (V. 1631–88) kommt es schließlich zur Auseinandersetzung zwischen Iphigenie als der Vertreterin einer konsequenten, geradezu radikalen Orientierung an sittlichen Normen, wonach auch in einer lebensbedrohlichen Situation, aus der eine Notlüge retten könnte, absolute Wahrhaftigkeit geboten ist, und Pylades mit seiner pragmatischen Haltung, für den List und Betrug angesichts der bedrohlichen Lage nicht nur selbstverständliche, sondern notwendige Mittel sind, deren Einsatz alternativlos ist: »Den Bruder, dich, und einen Freund zu retten / Ist nur Ein Weg; fragt sich's ob wir ihn gehn?« (V. 1667 f.). In seiner Belehrung der Iphigenie, deren Haltung er für weltfremd hält (»So hast du dich im Tempel wohl bewahrt«, V. 1653), verweist er auf die Beschaffenheit der Welt, in der ein rein moralisches Handeln unmöglich sei. Es sei keineswegs die Aufgabe des Menschen, sich zum unentwegten Richter seines eigenen Handelns aufzuspielen, vielmehr liege seine vorrangige, seine »erste, nächste Pflicht« (V. 1662) darin, den eigenen Weg und damit die eigenen Interessen zu verfolgen. Moral legitimiere sich im Übrigen auch von den Folgen einer Handlung her, nämlich wenn die unlauteren Mittel dem Erreichen guter Zwecke dienen. Da die Lüge im vorliegenden Fall Leben rette, sei sie gerechtfertigt, und das umso mehr, als die Gegenseite durch die Menschenopfer selbst zutiefst unmoralisch handele. Umgekehrt riskiere Iphigenie nämlich den Tod der beiden Griechen, wenn sie für deren Leben nicht einmal »[e]in falsches Wort [...] opfern« (V. 1676) wolle, und müsse sich angesichts solcher Folgen ihrer Weigerung mit einem viel schwereren »Vorwurf, der Verzweiflung trägt« (V. 1673), auseinandersetzen.

Die Asymmetrie des Dialogs zeigt sich u.a. an den deutlich größeren Redeanteilen des Pylades, der Gelegenheit findet, sein Weltbild in längeren Plädoyers darzulegen, dessen Gedankengänge kausal verknüpft sind (V. 1658, 1663) und rhetorisch wirkungsvoll vermittelt werden. Mit der Antithese in V. 1653 f. wird Iphigenie eine weltfremde Naivität unterstellt, der

1 In Euripides' *Iphigenie bei den Taurern* handelt es sich durchgehend um eine Statue; vgl. auch die Darstellung als Skulptur auf dem Orest-Sarkophag der Münchner Glyptothek S. 31.

2 Vgl. Dieter Borchmeyer, »Iphigenie auf Tauris«, in: *Interpretationen. Goethes Dramen*, hrsg. von Walter Hinderer, Stuttgart 1992, S. 145.

Pylades eine zur Allgemeingültigkeit erhobene Lebenserfahrung (»Das Leben lehrt uns«, V. 1654) entgegenhält, die sie in die Rolle eines Schulmädchens verweist: »du lernst es auch« (V. 1655). Dieser Anspruch auf Allgemeingültigkeit steckt auch hinter dem häufigen Gebrauch des Personalpronomens 1. Person Plural als kollektives »wir« und »uns« oder der Sentenz »Zu wandeln und auf seinen Weg zu sehen / Ist eines Menschen erste, nächste Pflicht« (V. 1661 f.). Das Verfolgen eigener Interessen, der Egoismus, der hier unverhohlen zum Primat menschlichen Handelns erhoben worden ist, wird mit der kunstvoll als Chiasmus formulierten Sentenz »Denn selten schätzt er recht was er getan, / Und was er tut weiß er fast nie zu schätzen« (V. 1663 f.) begründet, die die Fähigkeit des Menschen zu ethischen Wertmaßstäben und damit die Berechtigung Iphigenies zu moralischen Bedenken bezweifelt: »Auch sind wir nicht bestellt uns selbst zu richten« (V. 1660). In V. 1672–76 steigert Pylades seine Vorwürfe zu einer Drohung und verleiht seinem Fluchtplan bzw. seinem Pragmatismus schließlich mit der Berufung auf die »eh'rne Hand / Der Not« (V. 1680 f.) einen universalen, zeitlosen Anspruch als »oberstes Gesetz, dem Götter selbst / Sich unterwerfen müssen« (V. 1682 f.).

Diesen offenbar zwingenden Überredungskünsten vermag Iphigenie zwar keine »vernünftigen« Gründe entgegenzusetzen, aber ihre Antwort »Fast überredst du mich zu deiner Meinung« (V. 1665) verweist Pylades' Ausführungen als Überredung und Meinung »in die Tradition der antiken Rhetorik«[3]. Ihr Widerstreben resultiert aus einer vor allem gefühlten inneren Überzeugung (»Ich untersuche nicht, ich fühle nur«, V. 1650) und bedarf noch der eigenen Klärung im anschließenden Monolog, um artikulierbar zu werden. Aber schon dieser Widerspruch lässt erkennen, dass sie für ein analysierendes »Untersuchen« und für die zweckrationalen Argumente des Pylades nur bedingt erreichbar ist, weil sie sich auf die Sprache ihres Herzens verlässt: »Allein mein eigen Herz ist nicht befriedigt« (V. 1648). Bereits hier, als sie noch mitten im Prozess der Entscheidungsfindung steht, wird deutlich, dass es nicht Vernunftgründe sein werden, die sie zur Entscheidung treiben, sondern ihre innere Gewissheit als etwas zutiefst Subjektives: »Indem Goethe das Herz als die Instanz des Guten geltend macht, grenzt er Iphigenies Stimme der Wahrheit nicht nur gegen die Rhetorik des Pylades ab, sondern ebenso gegen die philosophische Aufklärung, die sich im Wesentlichen auf das Vernunftvermögen des Menschen beruft«.[4] Darüber hinaus ist die ihr zugewiesene Rolle (»Ich muss mich leiten lassen wie ein Kind«, V. 1402) ebenso unvereinbar mit ihren Vorstellungen von einer Autonomie des Menschen wie Pylades' rhetorische Konstruktion angeblich alternativloser Sachzwänge.

3 Achim Geisenhanslüke, *Johann Wolfgang Goethe, »Iphigenie auf Tauris«: Interpretation*, München 1997, S. 52.
4 Ebd., S. 54.

Unterrichtsverlauf

Überblick. Die Schülerinnen und Schüler erarbeiten sich ein Modell zum geschlossenen Drama und ordnen die Szene IV,4 ein. Sie erschließen sich den Text durch den Wechsel von einer sinnlich-anschaulichen zu einer rationalen Lernmethode und schulen ihre Wahrnehmung für dramaturgische und sprachliche Mittel. In einem Rollenspiel vertiefen und diskutieren sie die Lernergebnisse. ! **Verkürzte Version: 6.1 – 6.2 – 6.3**

Phase	Thema	Sozialform	Kompetenzen und Lernziele	Materialien
Voraussetzungen: Kenntnis des gesamten Dramas				
6.1	Einstiegsphase: Der Aufbau des geschlossenen Dramas nach Gustav Freytag	EA oder PA / UG / LV	• Aus einem poetologischen Text ein Schaubild erstellen und anwenden	VORLAGE 6a ➤ S. 53 VORLAGE 6b ➤ S. 44
6.2	Die Erfassung des Dialogs IV,4 in einer strukturierenden Inhaltsangabe	EA / PA	• Verbale Signale für Dominanzverhältnisse identifizieren und sowohl szenisch-nonverbal als auch sprachlich strukturiert ausdrücken und bewerten	ARBEITSBLATT 6 ➤ S. 57

6.3	Die Positionen der Dialogpartner	PA / UG	• Beobachtungen zu Inhalt, Aufbau, Sprache zu einem Textverständnis abstrahieren und dieses formulieren	TAFELBILD 6 ➤ S. 55
6.4 **fakultativ**	Die Positionen der Dialogpartner im literarischen Rollenspiel »Heißer Stuhl«	EA / Forum	• Innerhalb und außerhalb von zugewiesenen Rollen ein komplexes Thema bewerten, erörtern und zu einem fundierten Standpunkt gelangen	

6.1 Einstiegsphase: Der Aufbau des geschlossenen Dramas nach Gustav Freytag

Unterrichtsschritt mit Erläuterungen. Da die Schülerinnen und Schüler mit dem letzten Leseauftrag die gesamte Handlung des Dramas überblicken, können sie sich anhand des kurzen Textes von Gustav Freytag (VORLAGE 6a ***Gustav Freytag: »Die Technik des Dramas«, 1863***) und der Arbeitsaufträge eigenständig (Einzel- oder Partnerarbeit) ein Modell zum pyramidalen Aufbau eines (geschlossenen) Dramas erarbeiten. Die anschließende Diskussion im Unterrichtsgespräch darüber, welche Ereignisse eine fallende Handlung und die Retardation auslösen, informiert die Lehrkraft zugleich über den Wissensstand der Lerngruppe. – Mit der Kenntnis weiterer Merkmale des geschlossenen Dramas (Lehrervortrag) erwerben die Schülerinnen und Schüler zudem die Fähigkeit, spätere Gegenentwürfe zum klassischen Drama und andere Formentwicklungen zu identifizieren. – Die VORLAGE 6b ***Das Drama der Klassik als geschlossenes Drama*** fasst das Ergebnis zusammen.

EA oder PA / UG / LV

VORLAGE 6a ➤ S. 53
VORLAGE 6b ➤ S. 54

VORLAGE 6a

Gustav Freytag: *Die Technik des Dramas*, 1863

»Durch die beiden Hälften der Handlung, welche in einem Punkt zusammenschließen, erhält das Drama – wenn man die Anordnung durch Linien verbildlicht – einen pyramidalen Bau. Es steigt von der Einleitung mit dem Zutritt des erregenden Moments bis zu dem Höhepunkt und fällt von da bis zur Katastrophe. Zwischen diesen drei Teilen liegen die Teile der Steigung und des Falles. Jeder dieser fünf Teile kann aus einer Szene oder aus einer gegliederten Folge von Szenen bestehen, nur der Höhepunkt ist gewöhnlich in einer Hauptszene zusammengefasst. Diese Teile des Dramas, a) Einleitung, b) Steigerung, c) Höhepunkt, d) Fall oder Umkehr [mit retardierendem Moment (= Verzögerung)], e) Katastrophe [oder versöhnliches Ende], haben jeder Besonderes in Zweck und Baurichtung.«

Gustav Freytag: Die Technik des Dramas.
Stuttgart: Reclam, 1993. S. 105.

Arbeitsaufträge:

1. Entwerfen Sie in Einzel- oder Partnerarbeit das hier beschriebene Schaubild eines *geschlossenen Dramas* mit den entsprechenden Fachbegriffen.
2. Klären Sie gemeinsam, welche Ereignisse der dramatischen Handlung in Goethes *Iphigenie* die Funktionen von *Steigerung*, *Höhepunkt* und *Fall/Umkehr (mit retardierendem Moment = Verzögerung)* einnehmen, und tragen Sie die entsprechenden Ereignisse in Stichworten in Ihr Schaubild ein.
   Beispiel: **Einleitung**. Iphigenies Wunsch nach Heimkehr / Thoas' Heiratswunsch und Erneuerung des Menschenopfers

VORLAGE 6b

Das Drama der Klassik als geschlossenes Drama

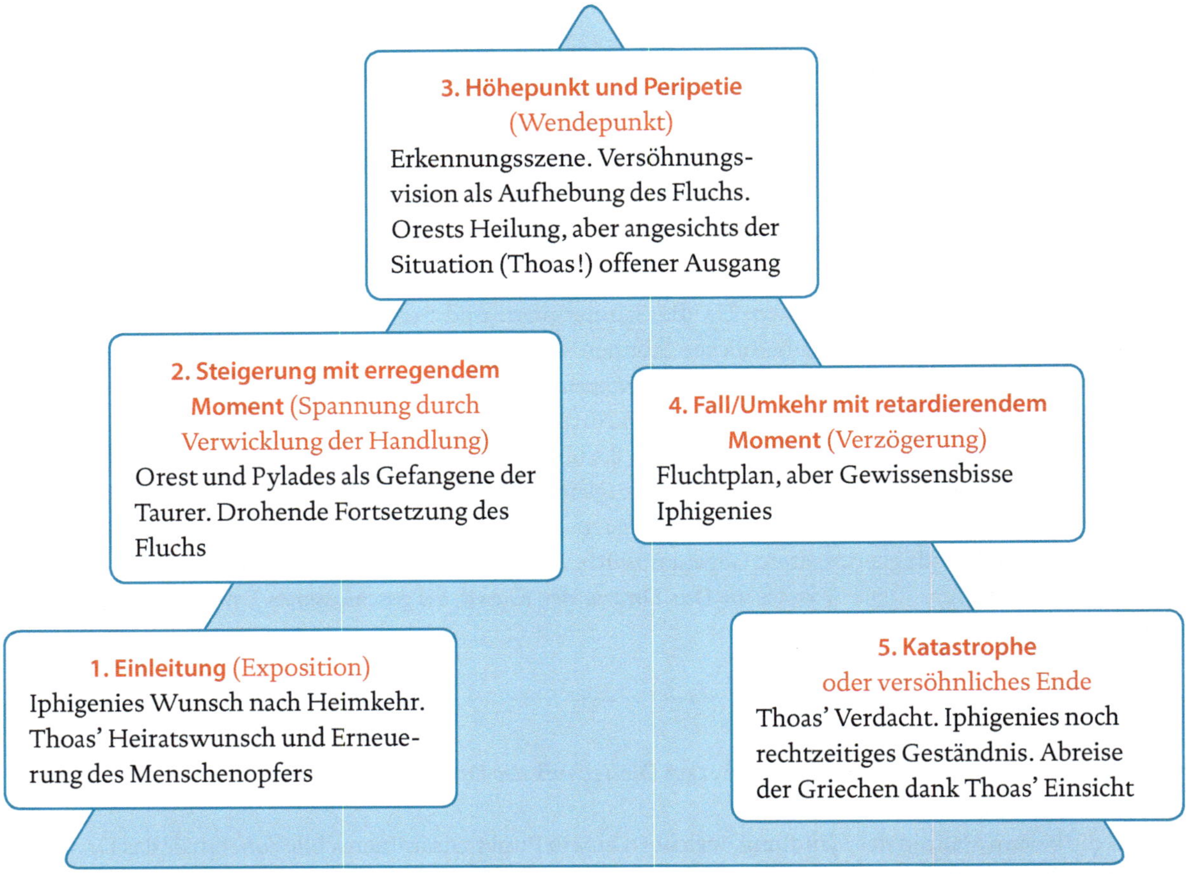

- Einheit von Ort, Zeit und Handlung
  - Ein Schauplatz: Hain vor dem Tempel
  - Handlung innerhalb eines Tages
  - Schlüssiger Handlungsverlauf, kausale Verknüpfung der Szenen
  - Klarer Anfang und eindeutige Lösung
  - Beschränkung auf wenige Figuren (keine Nebenhandlung)
- Einheitliche Sprache
  - Hoher Stil
  - Kunstsprache (Vers)
  - Hypotaktischer Satzbau

6.2 Die Erfassung des Dialogs IV,4 in einer strukturierenden Inhaltsangabe

EA / PA
ARBEITSBLATT 6
➤ S. 57

Unterrichtsschritt. Aus der gemeinsamen Lektüre eines Teils der Szene (IV,4; V. 1566–1688) entwickeln die Schülerinnen und Schüler in Partnerarbeit Standbilder, die auf sinnlich-anschauliche Weise die anschließende Textarbeit vorbereiten. Den Schülerinnen und Schülern werden dann auf dem ARBEITSBLATT 6 ***Eine strukturierende Inhaltsangabe (Dramenausschnitt) formulieren*** eine Anleitung und ein Wortspeicher mit Sprechaktverben zur Verfügung gestellt, mit deren Hilfe sie die sprachlichen Handlungen des Dialogs, die ja nicht direkt ausgesprochen sind, beschreiben können (Einzel- oder Partnerarbeit).

Leitfrage/Arbeitsauftrag für die Standbilder:

- Stellen Sie den Wortwechsel zwischen Iphigenie und Pylades jeweils zu zweit in einem Standbild dar, das die Beziehung zwischen den Dialogpartnern verdeutlicht.

Erläuterungen. Mit Hilfe der Standbilder zu dem Streitgespräch zwischen Iphigenie und Pylades erfahren die Schülerinnen und Schüler auf einer sinnlich-emotionalen Ebene, dass Sprechen eine Art des Handelns ist. Mit der Beherrschung von geeigneten Sprechaktverben lernen sie anschließend, solche Sprechakte zu bezeichnen, und erweitern so ihre Fähigkeit zur Untersuchung und Darstellung eines Dialogs, hier in der strukturierten Textwiedergabe bzw. der strukturierenden Inhaltsangabe. Diese Beobachtungen versetzen sie wiederum in die Lage, den vorliegenden Dialog als ein asymmetrisches Streitgespräch zu erkennen, das von Pylades mit einem deutlich höheren Redeanteil und mit variierenden, bis zur Drohung reichenden Sprechakten so dominiert wird, dass Iphigenie in eine Rechtfertigungsrolle gerät.

6.3 Die Positionen der Dialogpartner

Unterrichtsschritt. Auf der Grundlage der strukturierenden Inhaltsangabe entsteht im folgenden Unterrichtsgespräch das TAFELBILD 6 mit der Gegenüberstellung der Positionen, wie sie in der Sachanalyse beschrieben sind. Die Zusammenfassungen können zum Teil in wiederholender Anlehnung an die 4. Unterrichtsstunde (TAFELBILD 4, Teil 2, S. 34: »Pragmatisches Handeln«) erarbeitet werden.

PA / UG

TAFELBILD 6
➤ S. 55

Leitfragen:
- Erklären Sie Iphigenies Unbehagen am Fluchtplan.
- Welche konkreten Gründe für ihre ablehnende Haltung trägt sie vor?
- Nennen Sie die Argumente, die Pylades vorträgt.
- Klären Sie das Weltbild, das er hier vertritt.
- Beschreiben Sie das Bild, das Pylades von seiner Cousine zu haben scheint.
- Nennen und beschreiben Sie auffallende sprachliche oder dramaturgische Mittel in den Versen 1631–88.

TAFELBILD 6

Iphigenie im Konflikt mit Pylades und dessen Fluchtplan

Iphigenie	Pylades
Moralische Bedenken wegen des Betrugs an Thoas: • Anspruch auf absolute Wahrhaftigkeit • Unfähigkeit zur Lüge als Teil ihres Wesens • Eigenes Herz als Gewissensinstanz	Rechtfertigung von Lüge/Betrug angesichts der Notsituation: • Betrug als Sachzwang ohne Alternative • Iphigenies Wahrheitspostulat als gefährliche Naivität
»Allein mein eigen Herz ist nicht befriedigt« (V. 1648)	»die eh'rne Hand / Der Not gebietet« (V. 1680 f.)
Angebliche Sachzwänge als Beeinträchtigung menschlicher Autonomie	Moral resultiert auch aus den guten Folgen gemäß der Redensart »Der Zweck heiligt die Mittel« (Machiavelli)
⬇	⬇
Idealistische Position = Orientierung an einem Ideal	Pragmatische Position = Verhalten, das sich nach praktischen Notwendigkeiten richtet und nicht an unveränderliche Prinzipien gebunden ist

Sprachliche und dramaturgische Mittel: Antithese (V. 1653 f.) verbunden mit Abwertung (V. 1655); Anspruch auf Allgemeingültigkeit durch Pronomina (»wir«) oder durch Sentenzen; Einprägsamkeit durch Chiasmus; Einschüchterung (V. 1672 f.); Instrumentalisierung der Götter (V. 1680–84); Stichomythie; asymmetrischer Dialog.

6.4 Die Positionen der Dialogpartner im literarischen Rollenspiel »Heißer Stuhl« (fakultativ)

EA / Forum

Unterrichtsschritt mit Erläuterungen. Im literarischen Rollenspiel »Heißer Stuhl« übernimmt eine Person aus der Lerngruppe die Rolle einer Textfigur und stellt sich, allein auf einem separaten Stuhl sitzend, aus der fremden Perspektive den unabgesprochenen Fragen der Gruppe. Die Übernahme einer solchen durch den literarischen Text vorgegebenen Rolle setzt besonders gute Textkenntnisse, Fähigkeit zur Empathie, Darstellungs- und Argumentationsvermögen voraus und sollte unbedingt auf Freiwilligkeit beruhen. Für die Lerngruppe ergeben sich durch den neuen Blickwinkel und den lebendigen, unmittelbaren Dialog zwischen der dargestellten Figur und den Fragenden neue Einsichten und eine Vertiefung des Lerngegenstands. Für die Lehrkraft bildet dieses Rollenspiel darüber hinaus eine unorthodoxe Form der Lernzielkontrolle mit oft überraschenden Einblicken zur Rezeption der Lerngruppe und zum Fragebedürfnis der Schülerinnen und Schüler außerhalb der Lernwege der Unterrichtssequenz. Das Rollenspiel setzt einige Minuten zur Vorbereitung der Rolle bzw. der Fragen voraus.

Leitfragen/Arbeitsaufträge:

- Übernehmen Sie im literarischen Rollenspiel »Heißer Stuhl« die Rolle der IPHIGENIE. Stellen Sie sich den Fragen der Lerngruppe zum Verhalten der Griechin im 4. Aufzug und versuchen Sie, Haltung und Motive transparent zu machen. Berücksichtigen Sie dabei auch die Offenlegung der inneren Handlung in den Monologen Iphigenies.
- Übernehmen Sie im literarischen Rollenspiel »Heißer Stuhl« die Rolle des PYLADES. Stellen Sie sich den Fragen der Lerngruppe zu seinem Verhalten im 4. Aufzug, und versuchen Sie, Haltung und Motive transparent zu machen.

Eine strukturierende Inhaltsangabe (Dramenausschnitt) formulieren

Die **strukturierende Inhaltsangabe** informiert nicht nur über den Inhalt eines Textes, sondern verdeutlicht darüber hinaus die Gliederung eines Textes in Sinnabschnitte, den Gedankengang oder Gesprächsverlauf und die für das Verständnis notwendigen Zusammenhänge. Tempus ist Präsens, der Stil ist sachlich, zusammenfassend. Direkte Rede muss in indirekte Wiedergabeformen transformiert werden; Zitate werden nur ausnahmsweise als Einzelbegriffe verwendet, da es auf die raffende Darstellung in eigenen Formulierungen ankommt. Um die Zusammenhänge herauszustellen, sind Verknüpfungen durch Konjunktionen, Adverbien und Adverbiale unentbehrlich. Sprechaktverben benennen die vorliegenden sprachlichen Handlungen und können neben dem Verlauf des Dialogs auch verdeutlichen, in welchem Verhältnis die Gesprächspartner zueinander stehen, welche Absichten die Gesprächspartner verfolgen, mit welchen Mitteln sie ihre Ziele verfolgen, ob die Dialogpartner einander respektieren oder ob ein asymmetrisches Gespräch vorliegt und ob die Gesprächspartner aufeinander eingehen oder aneinander vorbeireden. Auf diese Weise kann die strukturierende Inhaltsangabe bereits Aspekte der dramaturgischen Gestaltung einer Szene aufgreifen und die Interpretation vorbereiten.

Arbeitsauftrag:
Stellen Sie den Verlauf des Dialogs Iphigenie – Pylades, V. 1631–88 als strukturierende Inhaltsangabe dar, indem Sie geeignete Sprechaktverben bzw. deren Nominalisierungen aus dem Wortspeicher verwenden.

Sprechaktverben / Verben des sprachlichen Handelns: andeuten, auffordern, begründen, beharren auf, behaupten, bitten, belehren, sich berufen auf, beruhigen, beschwichtigen, bestreiten, betonen, einlenken, einwenden, entgegenstellen, erklären, ermuntern, folgern, gegenüberstellen, geltend machen, hervorheben, hinweisen auf, informieren, Kritik üben, raten, rechtfertigen, untermauern, (jemandem etwas) unterstellen, unterstreichen, verabschieden, veranschaulichen, verdeutlichen, verklären, verneinen, verteidigen, verurteilen, verweisen (auf), vor Augen führen, vorwerfen, warnen, widersprechen, wünschen, zu bedenken geben.

Strukturierende Inhaltsangabe V. 1631–88

Nachdem Pylades Iphigenie noch einmal auf den Fluchtplan und ihre Rolle beim Raub der Götterstatue hingewiesen hat, verabschiedet er sich, um die auf dem Schiff wartenden Gefährten zu informieren. Aber wegen des sorgenvollen Gesichtsausdrucks seiner Cousine kehrt er noch einmal zurück, um sie zu beschwichtigen, dass ihre Furcht angesichts der gefährlichen Situation vollkommen natürlich, aber unnötig sei. Iphigenie rechtfertigt ihre Sorge jedoch als »edel« (V. 1640), da sie sich nicht auf die Gefahr, sondern als moralische Skrupel auf den Betrug und die Lüge gegenüber Thoas beziehe. Verärgert unterstellt Pylades ihr daraufhin eine völlig falsche Sicht der Dinge, weil der von ihr als »zweiter Vater« (V. 1641) verklärte Taurerkönig in Wahrheit der Schlächter ihres Bruders sei. Ihrem Einwand, Thoas habe ihr viel Gutes getan, stellt er die »Not« (V. 1645) der brenzligen Lage entgegen, die unabhängig von moralischen Bedenken ein situationsabhängiges Handeln erfordere. Als Iphigenie weiterhin ihren Anspruch auf eine uneingeschränkte Achtung ethischer Normen verteidigt, die sie durch ihr Gefühl, durch die Sprache ihres Herzens vernehme, wirft Pylades ihr schließlich Weltfremdheit vor und belehrt sie darüber, wie es im wirklichen Leben zugehe.

(Setzen Sie fort ab V. 1665.)

7 Den Monolog Iphigenies und das Parzenlied in Prosa- und Versfassung untersuchen

Sachanalyse

Die Urfassung der *Iphigenie* hatte Goethe von Mitte Februar bis Ende März 1779 unter schwierigsten Bedingungen in nur sechs Wochen geschrieben. Im Januar war er zum Leiter der Kriegskommission von Sachsen-Weimar ernannt worden, um in der vom bayrischen Erbfolgekrieg ausgelösten politischen Krise die Souveränität des Fürstentums zu retten. Denn das benachbarte mächtige Königreich Preußen hatte von Herzog Karl August »Freiwillige« gefordert, um sie als Soldaten gegen Österreich einzusetzen. Das hätte die bisherige Neutralität Weimars aufgehoben, aber im Falle einer Verweigerung solcher Hilfstruppen drohte eine gewaltsame preußische Rekrutenaushebung im Herzogtum. Auf Goethes Rat hin entschied sich Karl August zur Kontaktaufnahme mit anderen neutralen deutschen Staaten,[1] aber auch zu eigenen vorsorglichen Soldatenaushebungen, die Goethe persönlich leitete. Ein Teil des *Iphigenie*-Manuskripts entstand daher während seiner Dienstreisen, die ihn immer wieder mit dem bedrückenden sozialen Elend des Landes konfrontierten (vgl. *Iphigenie*, Reclam XL, Anhang 3.2, S. 80–82).

Schon bald nach der Uraufführung am 6. April 1779, in der neben Goethe als Orest ausschließlich Mitglieder der Hofgesellschaft die männlichen Rollen spielten und nur die Iphigenie von der Berufsschauspielerin Corona Schröter übernommen wurde, verweigerte er weitere Abschriften, weil er seine *Iphigenie* überarbeiten wollte, um »ihr noch mehr Harmonie im Stil zu verschaffen«[2]. Es dauerte allerdings acht Jahre, bis die klassische Fassung im Blankvers 1787 bei Göschen in Leipzig erscheinen konnte. Eine Zwischenfassung »in poetischer Prosa [...], die sich manchmal in einen jambischen Rhythmus verliert«[3], hatte Goethe mit nach Italien genommen, wo sie unter den Eindrücken seiner Begegnung mit den Kunstwerken der Antike, durch eine entscheidende Hilfestellung mit Karl Philipp Moritz' Abhandlung *Versuch einer deutschen Prosodie* (Berlin 1786) und mithilfe einer letzten Überarbeitung durch Herder ihre endgültige Form erhielt. In Moritz' *Prosodie* hatte Goethe endlich einen Leitfaden zur »Übertragung des antiken silbenquantifizierenden auf das der deutschen Sprache angemessene silbenakzentuierende Verfahren«[4] gefunden – und damit zu einer Berücksichtigung semantischer, syntaktischer und phonologischer Aspekte für die Versfassung (vgl. *Iphigenie*, Reclam XL, Anhang 3.2, S. 82: *Italienische Reise*. Rom, 10. Januar 1787).

Der Auftrittsmonolog mit dem Parzenlied (IV,5) bildet sowohl in der Prosafassung von 1779 als auch in der endgültigen Form von 1787 den Abschluss des vierten Aufzugs und zeigt Iphigenie in beiden Varianten auf dem Höhepunkt ihres Zwiespalts und am Rande einer Verzweiflung an ihrem Götter- und Weltbild. Im Vergleich zu dem noch recht ichbezogenen Eingangsmonolog fällt die Erweiterung ihrer Perspektive auf. Ging es damals vornehmlich um ihre persönliche, als unfrei empfundene Lage auf Tauris und ihren Wunsch nach Heimkehr, reflektiert sie nun ihre Verantwortung für das Leben der »Meinigen«, ihre Verpflichtungen gegenüber ihrem Gastgeber und ihre durch die Mittäterschaft am Raub des Tempelbildes bedrohte Hoffnung, eines Tages als Tantalidin »mit reiner Hand und reinem Herzen / Die schwer befleckte Wohnung zu entsühnen« (V. 1701 f.). Diesen Lebenstraum, mit der eigenen »Reinheit« und Wahrhaftigkeit den Atridenfluch aufheben zu können, charakterisiert sie selbst als »stille Hoffnung [...] / Die in der Einsamkeit ich schön genährt« (V. 1692 f.) – und scheint damit Pylades' Vorwurf aus der Vorszene zu bestätigen, sie habe »[s]ich im Tempel wohl bewahrt« (V. 1653), d. h., ihr strenger moralischer Anspruch an sich selbst sei nicht von dieser Welt.

Tatsächlich signalisiert schon der erste Satz Iphigenies in diesem Selbstgespräch eine widerwillige Akzeptanz der von Pylades vorgebrachten Argumente und der offensichtlichen Sachzwänge in dieser für die Griechen äußerst bedrohlichen Lage: »Ich muss ihm folgen« (V. 1689). Durch die »taube Not« (V. 1707), die mit »eh'rner Hand« (V. 1708) regiert, wie Pylades behauptet hatte, sieht sich Iphigenie gegen ihren Willen und gegen ihre innerste Überzeugung Handlungszwängen unterworfen, die ein freies, autonomes Entscheiden aufheben und ihr jede Möglichkeit nehmen, den Konflikt gemäß ihrem Weltbild und ihrem Lebenstraum »mit reiner Hand und reinem Herzen«

1 Vgl. Rüdiger Safranski, *Goethe. Kunstwerk des Lebens*, München 2013, S. 252 f.

2 Brief vom 13. Oktober 1780 an Johann Kaspar Lavater, zit. nach Benedikt Jeßing, *Erläuterungen und Dokumente. Johann Wolfgang Goethe, »Iphigenie auf Tauris«*, Stuttgart 2002, S. 55.

3 Goethe, *Italienische Reise* (Redaktion 1814–17), auf dem Brenner, 8. September 1786, zit. nach Jeßing [Anm. 2]), S. 59.

4 Rüdiger Nutt-Kofoth, in: Goethe, *Iphigenie auf Tauris. Kritische Studienausgabe*, hrsg. von R. N.-K., Stuttgart 2014, S. 196.

(V. 1701) zu lösen. Die in ihr selbst manifeste und von ihr repräsentierte Vorstellung vom Menschen als einem sittlichen Wesen, das auch gegen Widerstände in freier Selbstentscheidung Vernunft und Humanität verwirklichen kann, scheint sich angesichts der Wirklichkeit als Illusion zu erweisen. Mit der in dieser Situation offenbar notwendigen Verstrickung Iphigenies in Lüge, Betrug, Verbrechen (als solches galt der Raub aus einem Heiligtum) wäre vielmehr »der Beweis für die Unentrinnbarkeit des Atridenfluchs, für die Prädestination auch Iphigenies zum Bösen erbracht […]; der Fluch erwiese sich als unaufhebbar, menschliche Autonomie wäre dann ebensowenig möglich wie die ›Gutheit‹ der Götter oder die Gerechtigkeit der Herrschaft«[5].

Für diese Erschütterung ihrer Überzeugungen, ihres Weltbilds und ihres Wesens steht die Erinnerung an das düstere »Lied der Parzen« mit seinem zutiefst archaischen Weltbild, in dem verängstigte, ohnmächtige Menschen einer ewigen Willkürherrschaft der Götter ausgeliefert sind. In der Fassung von 1787 wird die Bedeutung des Parzenlieds u. a. durch den Wechsel zum Lyrischen betont. Die Warnung vor den Göttern, die in der Prosafassung von 1779 ebenso wie in der endgültigen Form von 1787 gleich zweimal imperativisch ausgedrückt wird, erhält 1787 wegen der exponierten Stellung der beiden Imperative an Strophenanfängen ein besonderes Gewicht. Der Wechsel des Blankverses zu einem Metrum aus zwei Hebungen (Daktylus und Trochäus mit Auftakt) bewirkt einen schweren, stampfenden Rhythmus, der mit seinem starren, deutlich vom Metrum dominierten Muster die Kernaussage einer Unentrinnbarkeit vor der Willkür allmächtiger Götter verstärkt.

Mit der Erinnerung an das Schicksal des Tantalus und die unerbittliche Macht der Götter wird ein Götterbild gegenwärtig, das dem Mythos und damit einer grauen Vorzeit entspricht, was angesichts des Vorspanns »In unsrer Jugend sang's die Amme mir« (V. 1724) allerdings auch biografisch, nämlich als eine Erinnerung an kindliche Gottesvorstellungen, zu lesen ist. Die Aktualisierung eines solchen, schon überwunden geglaubten Götterbildes im retardierenden Moment des Dramas fasst aber auch die von der Aufklärung kritisierten orthodoxen Gottesvorstellungen im Christentum noch einmal zusammen, etwa wenn die Götter des Parzenlieds ihre Herrschaft »brauchen / Wie's ihnen gefällt« (V. 1730 f.), sich also außerhalb jeder moralischen Ordnung befinden, oder wenn sie – in Analogie zur orthodoxen Auffassung von der Erbsünde – einen ewigen Fluch über ganze Familien einschließlich ihrer Nachkommen verhängen: »Es wenden die Herrscher / Ihr segnendes Auge / Von ganzen Geschlechtern« (V. 1754–56). Das hier gezeichnete Bild der Götter zeigt sie als abgehobene Inhaber einer ewigen Willkürherrschaft, die in ihrer ständigen Partylaune (»In ewigen Festen«, V. 1745) keinerlei Anteil nehmen an menschlichem Schicksal.

Die dichten Bilder vermitteln, besonders in der lyrischen Fassung von 1787, eine bedrängende Präsenz dieser göttlichen Bedrohung: »So stürzen die Gäste / Geschmäht und geschändet / In nächtliche Tiefen, / Und harren vergebens, / Im Finstern gebunden, / Gerechten Gerichtes« (V. 1738–43), doch lassen sich gerade in dieser späteren Fassung vermehrt Mittel einer Distanzierung von dem Lied und seiner Aussage nachweisen. So sind beiden Varianten eine zeitliche Distanzierung (»So sangen […]«, V. 1761) und eine ablehnende Kommentierung durch die Geste des Ahnherrn (»[…] schüttelt das Haupt«, V. 1766) gemeinsam, aber erst in der späteren Fassung wird infolge des neu eingefügten Abschnitts V. 1712–17 Iphigenies Protest gegen solche Götter herausgestellt, etwa durch Begriffe wie »Widerwillen« (V. 1713) und »Hass auf euch« (V. 1714), mit denen sie gedanklich an die Tradition ihrer titanischen Vorfahren und deren Opposition anknüpft.

Diesem Aufbegehren gegen Götter, die angesichts der äußeren Situation auch sie in den Strudel des Tantalidenfluchs zu reißen drohen, liegt – mit dem Schlüsselsatz »Rettet mich, / Und rettet euer Bild in meiner Seele« (V. 1716 f.) – unüberhörbar »die Autonomiesetzung des Menschen gegenüber dem Metaphysischen und die Verkehrung der Abhängigkeit zwischen Göttern und Menschen«[6] zugrunde. Indem Iphigenie das Bild der Götter in die eigene Seele verlegt, wird die Botschaft der Schöpfungsgeschichte, wonach der Mensch nach dem Bilde Gottes geschaffen wurde, geradezu umgekehrt. Götter stellen nicht per se eine äußere Instanz dar, sondern sind innere Bilder für die subjektive Vorstellung vom absolut Guten, von einem Ideal also: »Das Bild der Götter in Iphigenies Seele nennt eine subjektive Erfahrung des Göttlichen, die den Menschen in idealer Weise zum Guten bestimmt«.[7]

Die Vorstellung vom Göttlichen, die sich hier abzeichnet und Iphigenies Handeln im fünften Aufzug bestimmen wird, entspricht der Kernaussage der Hymne *Das Göttliche*, die Goethe 1783, also noch während der Phase der Umarbeitung der *Iphigenie*

5 Dieter Borchmeyer, »Iphigenie auf Tauris«, in: *Interpretationen. Goethes Dramen*, hrsg. von Walter Hinderer, Stuttgart 1992 [u. ö.], S. 144 f.

6 Nutt-Kofoth (Anm. 4), S. 198.

7 Achim Geisenhanslüke, *Johann Wolfgang Goethe, »Iphigenie auf Tauris«: Interpretation*, München 1997, S. 55.

schrieb. Demnach wird das Göttliche erst anhand menschlichen Handelns erkennbar, indem der Mensch seine einzigartige Fähigkeit zu sittlichem Handeln verwirklicht und dadurch eine Projektion ethischer Normen auf göttliche Wesen ermöglicht. Die »Unsterblichen« bedürfen also des guten Menschen als Vorbild, weil erst die Projektion dieser sittlichen Tugend auf die »unbekannten / Höhern Wesen, / Die wir ahnen« uns Menschen einen »Ermöglichungsgrund«[8] für eine Verehrung der Götter liefert.

8 Arthur Henkel, »Iphigenie auf Tauris«, in: A. H., *Goethe-Erfahrungen. Studien und Vorträge*, Stuttgart 1982, S. 76.

Unterrichtsverlauf

Überblick. Von den Entstehungsbedingungen der Urfassung des Dramas (1779) ausgehend, erforschen die Schülerinnen und Schüler den Weg zur Versfassung und erkennen in IV,5 den Höhepunkt des inneren Konflikts der Iphigenie. Eine vergleichende Textanalyse veranschaulicht ihnen deren existentielle Erschütterung, ihren Autonomieanspruch gegenüber einem archaischen Götter- und Weltbild und die ästhetische Qualität der Sprache. **! Verkürzter Verlauf: 7.2 – 7.3**

Phase	Thema	Sozialform	Kompetenzen und Lernziele	Materialien
Voraussetzungen: Kenntnis des gesamten Dramas				
7.1 **fakultativ**	Auftritt IV,5: Von der Urfassung 1779 zur Versfassung 1787	UG / LV	• Die Entstehung des Dramas biografisch, historisch und epochentypologisch wahrnehmen	VORLAGE 7a ➤ S. 61 *Iphigenie*, Reclam XL, S. 78 f., 81–84
7.2	Vergleichende Analyse des Monologs IV,5 als Prosa- und Versfassung	PA / UG	• Den Text nach Inhalt, Aufbau und sprachlicher Gestaltung detailliert erschließen und interpretieren	ARBEITSBLATT 7a ➤ S. 64 TAFELBILD 7 ➤ S. 62
7.3	Vertiefung: Adorno, »Zum Klassizismus von Goethes ›Iphigenie‹« (1967)	UG	• Das Ästhetische als eine spezifische Weise der Gestaltung, Darstellung und Wahrnehmung verstehen	VORLAGE 7b ➤ S. 63 (Audio-CD)
7.4 **fakultativ**	Vertiefung: Johann Wolfgang Goethe, *Das Göttliche* (1783)	PA / UG	• Synchrone Zusammenhänge zwischen Texten ermitteln und so das aufgeklärte Götterbild in beiden Texten begreifen	ARBEITSBLATT 7b ➤ S. 66

7.1 Auftritt IV,5: Von der Urfassung 1779 zur Versfassung 1787 (fakultativ)

UG / LV

VORLAGE 7a
➤ S. 61

Unterrichtsschritt. Ausgangspunkt des Stundeneinstiegs ist Goethes tuschlavierte Bleistift- und Federzeichnung *Rekrutenaushebung* aus dem Jahre 1779 (in: *Iphigenie*, Reclam XL, S. 83). Der Brief vom 14. Februar 1779 (vgl. die Formulierung »nur den einen Fuß im Steigriemen des Dichter-Hippogryphs«) und die Tagebucheintragungen vom 3. und 6. März 1779 (in: ebd., S. 81 f.) vermitteln gemeinsam mit dieser Zeichnung einen Eindruck von den schwierigen äußeren Bedingungen, unter denen das *Iphigenie*-Manuskript entstand. Die Lektüre eines Auszugs aus der Kurzbiografie (in: ebd., S. 78 f., Abschnitt »Frühe Weimarer Zeit und erste italienische Reise«) rundet gemeinsam mit Ergänzungen (Lehrervortrag) den Einblick zur Entstehung dieser Urfassung ab, die der Lerngruppe schließlich anhand des Auftritts IV,5 exemplarisch präsentiert wird (VORLAGE 7a ***Prosafassung 1779. Auszug aus IV,5***, auch in: ebd., S. 84). Die anschließende Lektüre des Auftritts in der Fassung von 1787 vermittelt erste Eindrücke von der gemeinsamen Grundaussage und von Goethes Veränderungen, für die weitere Materialien aus *Iphigenie*, Reclam XL, 3.2.1 und 3.2.3 eine vorläufige Begründung liefern könnten.

VORLAGE 7a

Prosafassung 1779. Auszug aus IV,5

IPHIGENIE *allein.* Folgen muss ich ihm, denn der Meinigen große Gefahr seh' ich vor Augen. Doch will mirs bange werden, über mein eigen Schicksal. Vergebens hofft ich still verwahrt von meiner Göttin den alten Fluch von unserm Haus ausklingen zu lassen, und durch Gebet und Reinheit die Olympier zu versühnen. Kaum wird mir in Armen mein Bruder geheilt, kaum naht ein Schiff ein lang erflehtes, mich an die Stätte der lebenden Vater Welt zu leiten, wird mir ein doppelt Laster von der tauben Not geboten. Das heilige mir anvertraute Schutzbild dieses Ufers wegzurauben und den König zu hintergehn. Wenn ich mit Betrug und Raub beginn, wie will ich Segen bringen und wo will ich enden? Ach warum scheint der Undank mir wie tausend andern nicht ein leichtes unbedeutendes Vergehn. Es sangen die Parzen ein grausend Lied, als Tantal fiel vom goldnen Stuhl, die Alten litten mit ihrem Freund. Ich hört es oft! In meiner Jugend sangs eine Amme uns Kindern vor. Es fürchte die Götter das Menschen-Geschlecht, sie haben Macht, und brauchen sie, wies ihnen gefällt, der fürchte sie mehr den sie erheben, auf schroffen Klippen stehn ihre Stühle um den goldnen Tisch. Erhebt sich ein Zwist so stürzt der Gast unwiederbringlich ins Reich der Nacht, und ohne Gericht liegt er gebunden in der Finsternis. Sie aber lassen sichs ewig wohlsein am goldnen Tisch. Von Berg zu Bergen schreiten sie weg und aus der Tiefe dampft ihnen des Riesen erstickter Mund gleich andern Opfern ein leichter Rauch. Von ganzen Geschlechtern wenden sie weg ihr segnend Aug und hassen im Enkel die ehmals geliebten und nun verworfnen Züge des Ahnherrn. So sangen die Alten und Tantal horcht in seiner Höhle, denkt seine Kinder und seine Enkel und schüttelt das Haupt.

Goethes Iphigenie auf Tauris. In vierfacher Gestalt hrsg. von Jakob Baechtold. Freiburg i. Br. / Tübingen: J. C. B. Mohr, 1883. S. 96/98.

7.2 Vergleichende Analyse des Monologs IV,5 als Prosa- und Versfassung

Unterrichtsschritt. In arbeitsteiliger Partnerarbeit bereitet die in zwei Hälften aufgeteilte Lerngruppe die vergleichende Analyse der beiden Fassungen anhand des ARBEITSBLATTS 7a ***Textvergleich: Goethe, Iphigenie auf Tauris (IV,5)*** vor. Die Ergebnisse werden im Unterrichtsgespräch zum TAFELBILD 7 ergänzt.

PA / UG

ARBEITSBLATT 7a
➤ S. 64
Lösungshinweise
➤ S. 108
TAFELBILD 7
➤ S. 62

Erläuterungen. Die Schülerinnen und Schüler ordnen die Szene als Höhepunkt des Zwiespalts der Iphigenie ein und begreifen die im Parzenlied sichtbare Gefährdung ihres Weltbilds ebenso wie ihre Distanzierung von einem archaischen Götter- und Weltbild. Der Vergleich der Urfassung der *Iphigenie* mit der Versfassung ermöglicht ihnen vor allem auch ein schlüssiges Erarbeiten des Autonomieanspruchs Iphigenies gegenüber den Göttern. Greifbar wird dieser besonders im Abschnitt V. 1712–17, der in der Prosafassung noch nicht enthalten ist, und in den Versen 1699–1702, in denen mit der Streichung der Begriffe »von meiner Göttin« und »durch Gebet« Hinweise auf eine eventuelle göttliche Hilfestellung getilgt wurden, die in der Prosafassung noch enthalten waren.

Die detaillierte Untersuchung der sprachlichen und formalen Mittel gewährt dem Kurs exemplarisch einen Eindruck von der »Kultur und Humanität stiftende[n] Leistung der Sprache« (Adorno, zit. nach: *Iphigenie*, Reclam XL, S. 84, siehe Unterrichtsschritt 7.3).

7.3 Vertiefung: Adorno, »Zum Klassizismus von Goethes ›Iphigenie‹« (1967)

UG

Unterrichtsschritt. Die gemeinsame Lektüre der VORLAGE 7b ***Adorno: »Zum Klassizismus von Goethes ›Iphigenie‹« (1967)*** (auch in: *Iphigenie*, Reclam XL, S. 84–86) vertieft die Arbeitsergebnisse.

VORLAGE 7b
➤ S. 63
(Audio-CD)

Alternative. Die Rezeption einer Audio-CD von IV,5, die vorbereitend der Lektüre der VORLAGE 7b vorangestellt wird, kann die Arbeitsergebnisse über einen weiteren Lernkanal veranschaulichen. Aufnahmen sind in der Regel in den Medienzentren verfügbar. Empfehlenswert und auch als Ausschnitt von wenigen Minuten außerordentlich wirkungsvoll ist die Interpretation von Maria Becker: Johann Wolfgang von Goethe, *Iphigenie auf Tauris*, Gesamtaufnahme mit Maria Becker, Ewald Balser, Will Quadflieg, Regie: Leopold Lindtberg, Hamburg: Deutsche Grammophon, 1957 (gesamter Auftritt IV,5: ca. 5 min.).

TAFELBILD 7

Szene IV, 5: Monolog Iphigenies mit Parzenlied (Versfassung von 1787)

Inhalt:

Notwendigkeit ihrer Beteiligung am Fluchtplan, aber:

- Verstrickung in Lüge, Betrug, Verbrechen
- Ende ihres Lebenstraums, den Fluch durch eigene Reinheit zu beenden
- Indiz für die Unentrinnbarkeit vom Fluch / von göttlicher Willkür
- Erschütterung ihrer tiefsten Überzeugung, vgl. Parzenlied
- Distanzierung vom negativen Götterbild dieses Lieds

➡ »rettet euer Bild in meiner Seele« (V. 1717)
= Autonomieanspruch Iphigenies gegenüber den Göttern

Form:

Ungereimter fünfhebiger Jambus (Blankvers): Kunstvolle Rhythmisierung ≠ Alltagsprosa
➡ Dichtung als vollkommenes Kunstwerk

Parzenlied:

- Metrum: Beschränkung auf zwei Hebungen
  ➡ schwerer, stampfender Rhythmus: Unentrinnbarkeit
- Inhalt: Bedrohung der Menschen durch die Götter
  ➡ zugleich Distanzierung durch Form, Rezitation (Ammenlied), Vergangenheit, Kommentierung (durch Iphigenie)

Sprache:

Hoher Stil und antikisierende Kunstsprache (Orientierung an der griechischen Antike)

- Archaismus: »Port der Vaterwelt« (V. 1706); »walten« (V. 1694); »Mit eh'rner Hand« (V. 1708)
- Vorangestellter Genitiv (Inversion): »meines Hauses Schicksal« (V. 1700)
- Religiöser Wortschatz der Priesterin: »Fluch« (V. 1698) vs. »Segen« (V. 1695); »entsühnen« (V. 1702)
- Sprachbilder, u. a. Metapher (»Widerwillen keime«, V. 1713), auch als Neologismus (»Geierklauen«, V. 1716); Personifizierung (»legt […] Not«, V. 1707)
- Adjektive, Partizipien: »stille Hoffnung« (V. 1692); »lang erflehtes Schiff« (V. 1705)
- Figuren wie Parallelismus (V. 1692–96, hier in der Form von rhetorischen Fragen als Trikolon mit Anapher und Klimax), Tautologie (V. 1701), Antithese (V. 1696 ff., V. 1701 f.), Emphase (V. 1712 ff.), Inversion (1689 f.)
- Sentenz (➡ Allgemeingültigkeit): »Das beste Glück […] endlich!« (V. 1697 f.)

➡ Schönheit der Sprache als Vermittlerin der Wahrheit bzw.
➡ Vollkommene Schönheit analog zur Vollkommenheit des Ideals (der Humanität)

VORLAGE 7b

Adorno: »Zum Klassizismus von Goethes ›Iphigenie‹« (1967)

»Der Stil des Werkes ist der alles durchdringende Äther seiner Sprache. Solcher Vorrang der Form trägt das zivilisatorische Moment [...] ins Gedichtete hinein. Die Milderung des Rohen, schließlich dessen Verschwinden sind nicht bloß die Absicht der Heldin. Die Gestalt eines jeden Satzes vollzieht sich mit bedachter, errungener *mesotes* [griech., ›Maß‹, ›Mäßigung‹] der Formulierung. Wunderlich vermählt sie sich mit warmem, umfangendem Strömen. Auch extreme und erschreckende Sachverhalte haben daran teil, ohne daß sie abgeschwächt würden. Schweigt antithetisch der Skythenkönig oder redet er karg, so scheint diese Kargheit nicht länger die eines des Ausdrucks nicht recht Mächtigen; sein Schweigen ist seinerseits zivilisatorisch, dem wütenden Ausbruch abgedungen.«

Theodor W. Adorno: Zum Klassizismus von Goethes »Iphigenie«. In: Th. W. A.: Noten zur Literatur IV. Hrsg. von Rolf Tiedemann. Frankfurt a. M.: Suhrkamp, 1974. (Gesammelte Schriften. Bd. 11.) S. 501.

7.4 Vertiefung: Johann Wolfgang Goethe: *Das Göttliche* (1783) (fakultativ)

Unterrichtsschritt. Eine weitere Vertiefung des »aufgeklärten« Götterbilds Iphigenies erfolgt durch eine Hymne Goethes, die den sittlich autonom handelnden Menschen zum Vorbild für »das Göttliche« bestimmt. Das ARBEITSBLATT 7b ***Johann Wolfgang Goethe: »Das Göttliche« (1783)*** wird nach der Methode des verzögerten Lesens rezipiert.

PA / UG

ARBEITSBLATT 7b

➤ S. 66

Erläuterungen zum ARBEITSBLATT 7b. Das Göttliche, das wir lediglich »ahnen« können, wird erst durch den nach ethischen Werten handelnden Menschen erfahrbar. Denn im moralischen Handeln verwirklicht der Mensch seine Veranlagung zu Humanität, die ihn von der Natur unterscheidet. In den Strophen 3–6 widerruft Goethe seine pantheistischen Vorstellungen aus der Sturm-und-Drang-Zeit: Das Walten der Natur ist willkürlich und steht außerhalb moralischer Kategorien. Daher ist sie als Vorbild für eine Gottesvorstellung ungeeignet. Als Naturwesen unterliegt der Mensch zwar auch ewigen Naturgesetzen, aber im dritten Teil (Strophen 7 und 8) wird die einzigartige Veranlagung des Menschen zu einem sittlichen Wesen, also das Grundthema aus der ersten Strophe, wieder aufgegriffen und an Beispielen veranschaulicht. Fähigkeiten wie differenzierendes Denken, Reflexion, Unterscheidung von Gut und Böse als Voraussetzung, über andere zu urteilen und zu richten, werden dabei nicht von einem göttlichen Funken hergeleitet, sondern aus der besonderen Veranlagung der menschlichen Gattung. Das Gedicht appelliert an den Menschen, diese einzigartige Veranlagung durch sittliches Handeln umzusetzen und dadurch seiner Vorbildfunktion für unser Bild von den Göttern gerecht zu werden. »Das Göttliche« besteht also in einer Projektion dieses moralisch vorbildlichen, idealen Handelns auf transzendente Wesen. Das biblische Verhältnis zwischen Mensch und Gott wird geradezu umgekehrt: Nicht der Mensch ist als Abbild Gottes zu verstehen, sondern der gute Mensch liefert das Vorbild für unsere Vorstellung vom Göttlichen. – Goethes Gedicht entspricht einem zentralen Gedanken der Aufklärung, wonach die Prinzipien eines guten Handelns nicht von der Religion unter Berufung auf göttliche Autorität festgelegt werden sollen, sondern durch den Menschen selbst vermöge seiner sittlichen Autonomie.

Die Begegnung mit dem Text erfolgt nach der Methode des verzögerten Lesens, die aufgrund der Aufgabe, passende Wörter einzufügen, zu einem eigenständigen verstehenden Lesen einlädt und mit den individuellen Lösungen einen textbezogenen Dialog in der Lerngruppe auslöst, der zur inhaltlichen Klärung und schließlich zur Deutung geführt wird. Die Auflösungen (in der Reihenfolge des Vorkommens: »kennen«, »ahnen«, »glauben«, »verehren«) werden daher nicht mit der Autorität des vorgegebenen Originals, sondern aus einer präzisen Wahrnehmung der mit den Varianten jeweils bewirkten Veränderung der Aussage erarbeitet. (So verkennen die Schülerinnen und Schüler etwa mit der häufig gesetzten Variante »lieben« statt »verehren« in Strophe 9, dass der Text hinsichtlich der »[h]öhern Wesen« auf Distanz angelegt ist, die durch die Projektionen idealer menschlicher Handlungen oder Absichten – »Was der Beste [...] / Tut oder möchte« – auf die »Unsterblichen« kaum verringert wird.)

Textvergleich Gruppe 1: Goethe, *Iphigenie auf Tauris* IV,5 (1. Teil)

Fassung von 1779 (Urfassung)

IPHIGENIE *allein.*
Folgen muss ich ihm, denn der Meinigen große Gefahr seh' ich vor Augen. Doch will mirs bange werden, über mein eigen Schicksal.

Vergebens hofft ich still verwahrt von meiner Göttin den alten Fluch von unsern Haus ausklingen zu lassen, und durch Gebet und Reinheit die Olympier zu versühnen. Kaum wird mir in Armen mein Bruder geheilt, kaum naht ein Schiff ein lang erflehtes, mich an die Stätte der lebenden Vater Welt zu leiten, wird mir ein doppelt Laster von der tauben Not geboten, Das heilige mir anvertraute Schutzbild dieses Ufers wegzurauben und den König zu hintergehn.

Wenn ich mit Betrug und Raub beginn, wie will ich Segen bringen und wo will ich enden? Ach warum scheint der Undank mir wie tausend andern nicht ein leichtes unbedeutendes Vergehn.

Es sangen die Parzen ein grausend Lied, als Tantal fiel vom goldnen Stuhl, die Alten litten mit ihrem Freund. Ich hört es oft! In meiner Jugend sangs eine Amme uns Kindern vor.

Es fürchte die Götter das Menschen-Geschlecht […].

Fassung von 1787

IPHIGENIE.
Ich muss ihm folgen: denn die Meinigen
Seh ich in dringender Gefahr. Doch ach!
Mein eigen Schicksal macht mir bang und bänger.
O soll ich nicht die stille Hoffnung retten,
Die in der Einsamkeit ich schön genährt?
Soll dieser Fluch denn ewig walten? Soll
Nie dies Geschlecht mit einem neuen Segen
Sich wieder heben? – Nimmt doch alles ab!
Das beste Glück, des Lebens schönste Kraft
Ermattet endlich! Warum nicht der Fluch?
So hofft ich denn vergebens, hier verwahrt,
Von meines Hauses Schicksal abgeschieden,
Dereinst mit reiner Hand und reinem Herzen
Die schwer befleckte Wohnung zu entsühnen.
Kaum wird in meinen Armen mir ein Bruder
Vom grimm'gen Übel wundervoll und schnell
Geheilt; kaum naht ein lang erflehtes Schiff
Mich in den Port der Vaterwelt zu leiten:
So legt die taube Not ein doppelt Laster
Mit eh'rner Hand mir auf: das heilige,
Mir anvertraute, viel verehrte Bild
Zu rauben und den Mann zu hintergehn,
Dem ich mein Leben und mein Schicksal danke.
O dass in meinem Busen nicht zuletzt
Ein Widerwillen keime! der Titanen,
Der alten Götter tiefer Hass auf euch,
Olympier, nicht auch die zarte Brust
Mit Geierklauen fasse! Rettet mich,
Und rettet euer Bild in meiner Seele!

Vor meinen Ohren tönt das alte Lied –
Vergessen hatt ich's und vergaß es gern –
Das Lied der Parzen, das sie grausend sangen,
Als Tantalus vom goldnen Stuhle fiel:
Sie litten mit dem edlen Freunde; grimmig
War ihre Brust, und furchtbar ihr Gesang.
In unsrer Jugend sang's die Amme mir
Und den Geschwistern vor, ich merkt es wohl.

Es fürchte die Götter
Das Menschengeschlecht! […]

Arbeitsaufträge:

1. Formulieren Sie als Erstinformation den gemeinsamen Inhalt der zwei Varianten in wenigen Sätzen.
2. Untersuchen Sie, wie Streichungen und Ergänzungen die Aussage der Fassung von 1787 verändern bzw. verdeutlichen.
3. Sammeln Sie Beobachtungen zur formalen und sprachlichen Gestaltung der späteren Fassung und beschreiben Sie die Wirkung bzw. die Wirkungsabsicht.

Textvergleich Gruppe 2: Goethe, *Iphigenie auf Tauris* IV,5 (2. Teil)

Fassung von 1779 (Urfassung)

[…] Es sangen die Parzen ein grausend Lied, als Tantal fiel vom goldnen Stuhl, die Alten litten mit ihrem Freund. Ich hört es oft! In meiner Jugend sangs eine Amme uns Kindern vor.

Es fürchte die Götter das Menschen-Geschlecht, sie haben Macht, und brauchen sie, wies ihnen gefällt, der fürchte sie mehr den sie erheben, auf schroffen Klippen stehn ihre Stühle um den goldnen Tisch. Erhebt sich ein Zwist so stürzt der Gast unwiederbringlich ins Reich der Nacht, und ohne Gereicht liegt er gebunden in der Finsternis. Sie aber lassen sichs ewig wohlsein am goldnen Tisch. Von Berg zu Bergen schreiten sie weg und aus der Tiefe dampft ihnen des Riesen erstickter Mund gleich andern Opfern ein leichter Rauch. Von ganzen Geschlechtern wenden sie weg ihr segnend Aug und hassen im Enkel die ehmals geliebten und nun verworfnen Züge des Ahnherrn. So sangen die Alten und Tantal horcht in seiner Höle, denkt seine Kinder und seine Enkel und schüttelt das Haupt.

Fassung von 1787

[…] Vor meinen Ohren tönt das alte Lied –
Vergessen hatt ich's und vergaß es gern –
Das Lied der Parzen, das sie grausend sangen,
Als Tantalus vom goldnen Stuhle fiel:
Sie litten mit dem edlen Freunde; grimmig
War ihre Brust, und furchtbar ihr Gesang.
In unsrer Jugend sang's die Amme mir
Und den Geschwistern vor, ich merkt es wohl.

Es fürchte die Götter
Das Menschengeschlecht!
Sie halten die Herrschaft
In ewigen Händen,
Und können sie brauchen,
Wie's ihnen gefällt.

Der fürchte sie doppelt
Den je sie erheben!
Auf Klippen und Wolken
Sind Stühle bereitet
Um goldene Tische.

Erhebet ein Zwist sich:
So stürzen die Gäste
Geschmäht und geschändet
In nächtliche Tiefen,
Und harren vergebens,
Im Finstern gebunden,
Gerechten Gerichtes.

Sie aber, sie bleiben
In ewigen Festen
An goldenen Tischen.
Sie schreiten vom Berge
Zu Bergen hinüber:
Aus Schlünden der Tiefe
Dampft ihnen der Atem
Erstickter Titanen,
Gleich Opfergerüchen,
Ein leichtes Gewölke.

Es wenden die Herrscher
Ihr segnendes Auge
Von ganzen Geschlechtern,
Und meiden, im Enkel
Die ehmals geliebten,
Still redenden Züge
Des Ahnherrn zu sehn.

So sangen die Parzen;
Es horcht der Verbannte,
In nächtlichen Höhlen
Der Alte die Lieder,
Denkt Kinder und Enkel
Und schüttelt das Haupt.

Arbeitsaufträge:

1. Beschreiben Sie das beiden Varianten gemeinsame Bild der Götter und ihr Verhältnis zu den Menschen.
2. Markieren Sie im Vor- und im Nachspann des sogenannten »Parzenlieds« (V. 1718–25 und V. 1761–66 der zweiten Fassung) Merkmale der Distanzierung von dem Bild der Götter.
3. Sammeln Sie Beobachtungen zur formalen und sprachlichen Gestaltung der späteren Fassung, und beschreiben Sie die Wirkung bzw. die Wirkungsabsicht.

ARBEITSBLATT 7b

Johann Wolfgang Goethe: *Das Göttliche* (1783)

1. Edel sei der Mensch,
Hülfreich und gut!
Denn das allein
Unterscheidet ihn
Von allen Wesen,
Die wir ______________________.

2. Heil den unbekannten
Höhern Wesen,
Die wir ______________________!
Ihnen gleiche der Mensch;
Sein Beispiel lehr' uns
Jene ______________________.

3. Denn unfühlend
Ist die Natur:
Es leuchtet die Sonne
Über Bös' und Gute,
Und dem Verbrecher
Glänzen, wie dem Besten,
Der Mond und die Sterne.

4. Wind und Ströme,
Donner und Hagel
Rauschen ihren Weg,
Und ergreifen,
Vorüber eilend,
Einen um den andern.

5. Auch so das Glück
Tappt unter die Menge,
Fasst bald des Knaben
Lockige Unschuld,
Bald auch den kahlen
Schuldigen Scheitel.

6. Nach ewigen, ehrnen,
Großen Gesetzen
Müssen wir alle
Unseres Daseins
Kreise vollenden.

7. Nur allein der Mensch
Vermag das Unmögliche:
Er unterscheidet,
Wählet und richtet;
Er kann dem Augenblick
Dauer verleihen.

8. Er allein darf
Den Guten lohnen,
Den Bösen strafen,
Heilen und retten,
Alles Irrende, Schweifende
Nützlich verbinden.

9. Und wir ______________________
Die Unsterblichen,
Als wären sie Menschen,
Täten im Großen,
Was der Beste im Kleinen
Tut oder möchte.

10. Der edle Mensch
Sei hülfreich und gut!
Unermüdet schaff' er
Das Nützliche, Rechte,
Sei uns ein Vorbild
Jener geahneten Wesen!

Johann Wolfgang Goethe: Fünfzig Gedichte. Ausgew. von Dietrich Bode. Stuttgart: Reclam, 1999 [u. ö.]. S. 45–47.

ahnen – denken – erwarten – fürchten – glauben – hoffen – kennen – lieben – schätzen – träumen – verehren – vermuten

Arbeitsaufträge:

1. Ergänzen Sie die vier Lücken mit geeigneten Vorschlägen aus dem Wortspeicher.
2. Klären Sie, wie Goethe die besondere Stellung des Menschen begründet.

8 Die Lösung des dramatischen Konflikts interpretieren

Sachanalyse

Als hätte Iphigenie aus ihrem Selbstfindungsprozess in IV,5 heraus bereits eine Vorentscheidung getroffen, vermeidet sie in V,3 eine Wiederholung der Lüge gegenüber Thoas. Stattdessen tritt sie ihm mit einem bemerkenswerten Selbstbewusstsein entgegen und löst sich von allen Vorgaben des Pylades und von allen Vorsichtsregeln im Umgang mit einem befehlsgewohnten Fürsten, wenn sie ihm Unmenschlichkeit vorwirft und ihn eines grausamen Despotismus bezichtigt. Borchmeyer zufolge wurde diese Szene in der Deutung sogar als »zweite[s] Parzenlied« bezeichnet, denn Iphigenie »lehnt [...] sich mit den gleichen Argumenten und Bildern gegen die alte Götter- und Herrscherwillkür auf«[1].

Der wegen Arkas' Bericht in V,1 ohnehin aufgebrachte König versucht seine Priesterin zu maßregeln. Aber bereits hier wird deutlich, dass sie sich von der Rolle als Artemis-Priesterin emanzipiert hat und ihm als stolze mykenische Königstochter entgegentritt. Ihre Versuche, den Taurerkönig von seinem Befehl zur Wiederaufnahme des Menschenopfers abzubringen, scheitern jedoch an seiner Hartnäckigkeit und an seinem Verdacht, sie hintergehe ihn. Iphigenies Hinweis auf die Möglichkeiten des Schwachen, sich gegenüber dem Mächtigen notfalls taktischer Raffinessen zu bedienen, bestätigt den Argwohn des Königs endgültig. Seine unüberhörbare Warnung »Sprich unbehutsam nicht dein eigen Urteil« (V. 1875) beendet ihre Versuche, ihn mit Argumenten zu überzeugen oder an seine Gefühle zu appellieren. Die anschließende Unterstellung ihres Gegenübers, es gehe ihr bei ihrem Engagement wohl lediglich um ihre Heimkehr, muss Iphigenie angesichts der Tiefe ihrer seelischen Qualen als geradezu provozierend vordergründig empfinden. Der Gesprächsverlauf veranlasst sie endgültig zur Klärung der Wahrheit, ebenso wie die allmähliche Einsicht, dass Thoas bereits mehr weiß, als sie dachte. Auch wenn das späte Geständnis aus der Entwicklung des Dialogs heraus wie eine Resignation Iphigenies vor der Beharrlichkeit des Taurers wirkt, handelt es sich keineswegs nur um einen spontanen Befreiungsschlag aus der konkreten Gesprächssituation, sondern zugleich um die Konsequenz ihrer Reflexionen, ihrer Gewissensbisse und aufreibenden Auseinandersetzungen im Verlauf des Dramas, insbesondere im vierten Aufzug. Selbstfindung und Wahrheitsfindung beruhen auf einem Prozess, der im fünften Aufzug seinen dialogischen Höhepunkt findet: »Das Gespräch zwischen Thoas und Iphigenie verlegt den Prozess der Wahrheitsfindung in den sprachlichen Dialog«.[2]

Mit dem im Zwischenmonolog vorbereiteten Geständnis löst Iphigenie sich endgültig von der ihr widerstrebenden Rolle im Fluchtplan und allem taktischen Kalkül und befreit sich so von dem drohenden Verlust ihrer moralischen Integrität, die für eine Aufhebung des Fluchs unerlässlich ist. Da sie sich auf ihre innere Stimme, ihr Gewissen, beruft, emanzipiert sie sich von den göttlichen Weisungen des Orakelspruchs und beansprucht Autonomie gegenüber den Göttern, die als Bilder, als Projektionen des Menschen von menschlichem Handeln abhängig sind: »[V]erherrlicht / Durch mich die Wahrheit!« (V. 1918 f.). Wenn sie schließlich an Thoas appelliert, ebenfalls auf sein Gewissen als einzige Quelle der Wahrheit zu hören, vertritt sie die Überzeugung, dass jeder Mensch ungeachtet seiner religiösen oder kulturellen Prägung die innere Stimme der Wahrheit und Menschlichkeit vernehmen kann und dass er verpflichtet ist, dieser Stimme des Herzens Geltung zu verschaffen. Mit ihrer »unerhörten Tat« (V. 1892) macht sie sich zudem frei von der »eng-gebunden[en]« (V. 29) Rolle der Frau, gegen die sie ebenso wie gegen ihr erzwungenes Priesteramt bereits im Eingangsmonolog aufbegehrt hatte. Denn sie beansprucht eine den Männern gleiche (vgl. V. 1892 ff.) Handlungsfreiheit und präsentiert in der Verwirklichung dieses Anspruchs einen schließlich erfolgreichen Gegenentwurf zum männlichen Heldentum, indem sie auf Lüge, Betrug und Kampf verzichtet und sich einer interesselosen Wahrheit verpflichtet: »Die weibliche Aristie [Heldentum] der ›interesselosen‹ Bekundung der Wahrheit verzichtet auf das ›Recht des Schwerts‹ (V. 1911), ist anders als das männlich-kriegerische Heroentum auf Frieden gegründet. Allein Wahrheit ist Friede!«[3]

Indem Iphigenie sich über Handlungszwänge aus Religion, Tradition, Machtverhältnissen, Erfahrung oder Taktik hinwegsetzt und sich allein auf ihre innerste Überzeugung beruft, stellt sie die »Autonomie des Willens« her, nach Kant das oberste Prinzip der Sittlichkeit. Um dem Gebot der Wahrheit zu genügen,

1 Dieter Borchmeyer, »Iphigenie auf Tauris«, in: *Interpretationen. Goethes Dramen*, hrsg. von Walter Hinderer, Stuttgart 1992, S. 143.

2 Achim Geisenhanslüke, *Johann Wolfgang Goethe, »Iphigenie auf Tauris«: Interpretation*, München 1997, S. 64.

3 Borchmeyer (Anm. 1), S. 146.

die als Voraussetzung einer Aufhebung des Fluchs gilt, muss sie den Plan zur Rettung ihres Bruders verraten und auf die Menschlichkeit des Taurerkönigs hoffen: »Iphigenie, gehorsam dem kategorischen Imperativ der damals noch ungeschriebenen Kritik der praktischen Vernunft, desavouiert aus Freiheit, aus Autonomie ihr eigenes Interesse, das des Betrugs bedarf und damit den mythischen Schuldzusammenhang wiederholt«.[4] Getragen wird sie auf ihrem riskanten Weg einzig von dem Glauben an Thoas' Menschlichkeit selbst in dieser kritischen Situation, in der er von Iphigenie über die Bestätigung seines Verdachts hinaus erfährt, dass die Griechen »[m]it göttlichen Befehlen« (V. 1929) das wichtigste kultische Heiligtum der Taurer rauben wollen. Genährt wird ihre Hoffnung freilich auch von dem langen gemeinsamen Weg bei politischen Veränderungen im Taurerreich, der Vertrauen geschaffen hat: »THOAS. Wie oft besänftigte mich diese Stimme!« (V. 1986).

Mit dem Geständnis hat Iphigenie ihre von Thoas mittlerweile angezweifelte moralische Integrität wiederhergestellt und kann mit dieser entwaffnenden Offenheit die Appelle an seine Menschlichkeit auf einer neuen Grundlage wiederholen, ja intensivieren: »Verdirb uns – wenn du darfst« (V. 1936). Das klingt nach moralischer Erpressung des Taurers, dem Entscheidungsgewalt zugestanden, aber zugleich abgesprochen wird, weil ihm ein Handeln als sittlicher Mensch so bedrängend nahegelegt wird, dass er sich dem kaum entziehen kann: »In dieser Formulierung sind Befehl und Bedingung nicht zu überhören, ein herausfordernder Appell, den Thoas durchaus als Aufmüpfigkeit und Erpressung verstehen könnte«.[5] – Die Antwort des Taurers wird formal und inhaltlich kunstvoll mit den Versen Iphigenies verflochten und signalisiert bereits durch diese Verschränkung beginnenden Einklang. »Du glaubst, es höre / Der rohe Skythe, der Barbar, die Stimme / Der Wahrheit und der Menschlichkeit, die Atreus, / Der Grieche, nicht vernahm?« (V. 1937–39): Thoas' Antilabe vollendet den von Iphigenie begonnenen Vers zum Blankvers; seine Personifikation »Stimme / Der Wahrheit und der Menschlichkeit« (V. 1937 f.) greift Iphigenies Appell auf und kleidet ihre Erwartung in dieses zeitlos schöne Sprachbild; seine skeptische rhetorische Frage beantwortet ihren Appell mit feiner Ironie und liefert zugleich das neue Stichwort für Iphigenie, die ihrerseits den ihr angebotenen Vers als Antilabe aufgreift, um den universalen Anspruch der Humanität und der Aufklärung zu preisen. Einer gelegentlich geäußerten Ansicht, diese Antilaben bezeichneten Widerspruch durch Unterbrechung des Dialogpartners, ist angesichts der inhaltlich wie syntaktisch abgeschlossenen Sätze nicht zuzustimmen. – Trotz seines Wutanfalls in V,2, als er seine »Nachsicht und […] Güte« (V. 1786) zutiefst bereute, zügelt Thoas in dieser extremen Situation seine Gefühle und verfällt nicht in die rasende Wut, die in ihm tobt (vgl. V. 1979–82). Vielmehr zeigt sich der angeblich »rohe Skythe« (V. 1937) Thoas als kultivierter Fürst, der trotz Wut, Schmerz und Enttäuschung auf Machtgebärden und Machtmittel verzichtet und seinen Ärger feinsinnig und kunstvoll sublimiert. Auch wenn der Konflikt nicht gelöst ist, wird er durch die Selbstbeherrschung des Taurerkönigs deutlich entschärft.

Erst als Orest und Pylades wie Rohlinge, Schwerter in den Händen, in die sich abzeichnende friedliche Lösung einbrechen, droht als Moment der letzten Spannung doch noch Gewalt. Erneut ist es Thoas, der mit seinem Kommando »Gebiete Stillstand meinem Volke! Keiner / Beschädige den Feind, so lang wir reden« (V. 2022 f.) den Vorrang des Wortes und damit eine gewaltfreie, von der Vernunft ausgehende Lösung ermöglicht. Als der Streit wegen des Tempelheiligtums erneut ausbricht, beseitigt Orest mit seiner Umdeutung des Orakels auch dieses Hindernis: Der göttliche Befehl des Apoll wird mithilfe einer Neuinterpretation durch einen Laien (!) verworfen, der dazu nach religiösem Kultus keineswegs berechtigt ist – auch hier tritt menschliche Vernunft an die Stelle göttlicher Weisungen, die nicht auf moralischen Gesetzen beruhen und daher vernunftwidrig sind. Seine Auslegung setzt nicht nur den kultischen Auftrag zum Raub des Tempelbildes außer Kraft, sondern rückt »in symbolischer Weise den Menschen an die Stelle des Gottes«[6], wenn er die Göttin Diana durch Iphigenie ersetzt. Analog zu Goethes Appell in *Das Göttliche* (»Der edle Mensch / […] Sei uns ein Vorbild / Jener geahneten Wesen«) ersetzt die Griechin in ihrer idealen Verkörperung von Wahrheit und Humanität eine blutige archaische Gottesvorstellung, von der sie sich selbst in inneren und äußeren Auseinandersetzungen befreit hat.

Die Rettung der Griechen und ihre Heimkehr wird schließlich möglich durch die »Humanität des Barbaren […], der real weit edler sich verhält als seine edlen Gäste«[7]. Während den Griechen alles gelingt, bleibt Thoas verlassen und vereinsamt zurück, ohne Aussicht auf einen Thronnachfolger. Noch dazu steckt er

4 Theodor W. Adorno, »Zur Klassizität von Goethes ›Iphigenie‹« [1967], zit. nach *Iphigenie*, Reclam XL, S. 111.

5 Werner Winkler, *Johann Wolfgang von Goethe, »Iphigenie auf Tauris«*, Braunschweig 2010 (Schroedel Interpretationen, Bd. 16), S. 111.

6 Geisenhanslüke (Anm. 2), S. 67.

7 Theodor W. Adorno, »Zum Klassizismus von Goethes ›Iphigenie‹«, in: Th. W. A., *Noten zur Literatur IV*, hrsg. von Rolf Tiedemann, Frankfurt a. M. 1974, S. 509.

wegen der begonnenen Reformen in einer innenpolitischen Krise, zu deren Überwindung ihm nun die Symbolfigur und Lichtgestalt des Wandels, Iphigenie, fehlt. Der eigentlich kantianisch Handelnde ist also der Taurerkönig, weil bei ihm der Zwiespalt zwischen Pflicht und Neigung, zwischen sittlichem Handeln also und seinen persönlichen Interessen, am größten ist. Der Wortkargheit des Taurers zum Ausgang des Dramas, die fast ein Verstummen ist, ist der innere Kampf zu entnehmen. In diesem Zögern wird der besondere Verzicht spürbar, den er für eine humane Lösung leisten muss. Auf ihrem riskanten Weg, den Gewaltzusammenhang in der Geschichte ihrer Familie zu durchbrechen, benötigt Iphigenie aber diese Einsicht des Taurers und bedient sich schließlich moralischen Drucks, der keineswegs frei von Überheblichkeit ist: »Sieh uns an! Du hast nicht oft / Zu solcher edeln Tat Gelegenheit. / Versagen kannst du's nicht; gewähr es bald« (V. 2148–50).

Unter den Eindrücken des Revolutionszeitalters bezeichnete Goethe in einem Brief an Schiller vom 19. Januar 1802 sein Drama als »ganz verteufelt human« und drückte damit seine Skepsis gegenüber einer realen Chance der Wahrheit in ähnlich aufgewühlten Zeiten aus. Schiller riet aber angesichts der Bühnenwirksamkeit gerade dessen, »was Sie das Humane darin nennen«, von einer Änderung ab und rettete so vielleicht den idealistischen Geist des Dramas.

Unterrichtsverlauf

Überblick. Vor dem Hintergrund des Dramenschlusses bei Euripides begreifen die Schülerinnen und Schüler die moderne Lösung des dramatischen Konflikts. Mit dem Verfahren der Textlupe erarbeiten sie sich aus formalen und sprachlichen Merkmalen eine frühe Prognose über das Verhalten des Taurerkönigs und den Ausgang des Dramas, dessen Tragweite sie umfassend verstehen. **! Verkürzter Verlauf: 8.1 – 8.2 – 8.3 – 8.4 – 8.6**

Phase	Thema	Sozialform	Kompetenzen und Lernziele	Materialien
Voraussetzungen: Kenntnis des gesamten Dramas				
8.1	Einstiegsphase: Klärung der äußeren Situation im fünften Aufzug	UG	• Sich aus der Verknüpfung tief eingebetteter Einzelinformationen einen Überblick verschaffen	VORLAGE 8a ➤ S. 70
8.2	Iphigenie und Thoas im offenen Disput (V,3, V. 1804–91)	EA / UG	• Teilaspekte zu einem Textganzen ordnen und erschließen • Textzusammenfassungen üben und anwenden	ARBEITSBLATT 8a ➤ S. 77 VORLAGE 8b ➤ S. 72
8.3	*Deus ex machina* – die Lösung des dramatischen Konflikts bei Euripides	UG	• Kerngedanken der Literaturepoche Klassik durch Nachweis von diachronen Unterschieden und Zusammenhängen erfassen	VORLAGE 8c ➤ S. 72 (Zusatzmaterial: *Iphigenie*, Reclam XL, S. 98–100)
8.4	Das Geständnis der Wahrheit	UG	• Die Schlüsselstelle des Dramas als Schlüsseltext der Weimarer Klassik umfassend verstehen	TAFELBILD 8 (Teil 1/2) ➤ S. 73/74 VORLAGE 8d ➤ S. 74 (Zusatzmaterial: *Iphigenie*, Reclam XL, S. 104 f.; VORLAGE 2 ➤ S. 20)
8.5 **fakultativ**	Einklang oder Entzweiung? Exemplarische Analyse der Antilaben V. 1936–42	PA	• Die Wahrnehmung sprachlicher, formaler und dramaturgischer Mittel schulen und die besondere ästhetische Qualität begreifen	

8.6	Thoas: Edelmut und Tragik des Taurerkönigs	UG / EA	• Die Mythenkorrektur Goethes erkennen und mit wissenschaftlichen Sekundärtexten ergänzen	ARBEITSBLATT 8b ➤ S. 78 (auch in: *Iphigenie*, Reclam XL, S. 111 f.) TAFELBILD 8 (Teil 3) ➤ S. 75
8.7 **fakultativ**	Offenes Ende des geschlossenen Dramas	UG / EA	• Das harmonische Ende des Dramas in einer persönlich-kreativen Form hinterfragen	VORLAGE 8e ➤ S. 76

8.1 Einstiegsphase: Klärung der äußeren Situation im fünften Aufzug

UG

VORLAGE 8a
➤ S. 70

Unterrichtsschritt und Erläuterungen. Die Lerngruppe erkennt, gestützt auf zwei Textausschnitte aus V,4 und V,5 (VORLAGE 8a ***Die Zuspitzung der äußeren Handlung. Ausschnitte aus »Iphigenie« V,4 und V,5***), die aussichtslose Lage, die sich – ohne dass Iphigenie davon weiß – aus den von Thoas angeordneten militärischen Maßnahmen gegen die Griechen ergeben hat. Die Textausschnitte stoßen die gemeinsame rasche Klärung der äußeren Situation zu Beginn des fünften Aufzugs an: Infolge des Berichts von Arkas in V,1 hat Thoas einige Maßnahmen ergriffen, um die beiden flüchtigen Gefangenen einzufangen und deren Schiff samt Besatzung anzugreifen. In V,4 und V,5 erweisen sich seine Anweisungen als erfolgreich. – Die gemeinsame Lektüre von V,2 (*Iphigenie*, Reclam XL, S. 55) informiert die Schülerinnen und Schüler über die Gemütslage des Königs: Voller Zorn und Enttäuschung bereut er seine Milde und Großherzigkeit Iphigenie gegenüber und widerruft den Weg der Menschlichkeit, zu dem sie ihn veranlasst hatte. Der Dialog zwischen Iphigenie und Thoas in V,3, der in 8.2 im Mittelpunkt steht, findet also in einer für die Griechen äußerst bedrohlichen Lage statt.

VORLAGE 8a

Die Zuspitzung der äußeren Handlung
Ausschnitte aus *Iphigenie* V,4 und V,5

OREST. *gewaffnet* […] (*nach der Szene gekehrt*).
Verdoppelt eure Kräfte! Haltet sie
Zurück! Nur wenig Augenblicke! Weicht
Der Menge nicht, und deckt den Weg zum Schiffe
Mir und der Schwester.
[…]

PYLADES. *Bald nach ihm* ARKAS, *beide mit bloßen Schwertern.*
[PYLADES *zu* IPHIGENIE *und* OREST:]
Verweilet nicht! Die letzten Kräfte raffen
Die Unsrigen zusammen; weichend werden
Sie nach der See langsam zurückgedrängt.

Iphigenie, Reclam XL, V. 1993–96, 2012–14

8.2 Iphigenie und Thoas im offenen Disput (V,3, V. 1804–91)

Unterrichtsschritt. Das ARBEITSBLATT 8a ***Iphigenie und Thoas im offenen Disput (V,3)*** verlangt dem Kurs genaue Textbeobachtung ab, fördert das Erfassen subtiler Textinformationen und kann durch die frühzeitige Vorgabe einzelner Buchstaben des Lösungsbegriffs auch für eine Binnendifferenzierung verwendet werden. Der Einsatz als Einzelarbeit bereitet das an den Leitfragen orientierte Unterrichtsgespräch zeitsparend vor und dient zugleich als dessen Ergebnissicherung. Die Lerngruppe erfasst die hinter der klassischen Form lauernde aufgewühlte und bedrohliche Stimmung des Dialogs und deren Ursachen. (Die Textbegegnung in Stillarbeit kann mithilfe einer Audio-CD beschleunigt und vertieft werden; vgl. 7,3, S. 61 f.) Die VORLAGE 8b ***Lösung*** zeigt das Lösungswort und liefert zwei Hinweise zur sprachlichen Form des Disputs.

EA / UG

ARBEITSBLATT 8a ➤ S. 77 Lösungshinweise ➤ S. 112 (Audio-CD)

VORLAGE 8b ➤ S. 72

Leitfragen:

- Warum wiederholt Iphigenie Thoas gegenüber nicht die vorgeschobenen Gründe für den Aufschub, wie Pylades es ihr aufgetragen hatte?
- Beschreiben Sie, wie während des Dialogs ein Machtkampf über die Rolle Iphigenies gegenüber Thoas entsteht.
- Zeigen Sie, wie Thoas mit seinen Drohungen Iphigenie mehrmals dazu veranlasst, ihre Argumentation bzw. ihre Strategie zu ändern.
- Warum führt die aufgeladene Atmosphäre trotz der heftigen Gemütserregung der beiden Dialogpartner nicht zu einem offenen Wutausbruch des Taurerkönigs? Stellen Sie einen Zusammenhang zum Konzept der Klassik her.

Erläuterungen. Dem Geständnis der Wahrheit geht ein heftiger Disput zwischen Iphigenie und Thoas voraus. Der Taurerkönig lässt sich auf keine argumentative Auseinandersetzung in der Sache ein, sondern beharrt auf seiner Anweisung. Die knappen Sätze und allemal deren Subtexte signalisieren dabei größte Bedrohung für seine Priesterin. Diese geriert sich trotz ihrer äußerst bedrängenden Situation allerdings schon als mykenische Königstochter (V. 1822) und streitet leidenschaftlich gegen die Erneuerung des Menschenopfers. Von allen mit Pylades abgesprochenen Plänen abweichend – vielleicht weil sie intuitiv weiß, dass sie den Taurerkönig von Angesicht zu Angesicht nicht belügen kann –, provoziert sie Thoas als »grausamen […] König, der Unmenschliches verlangt« (V. 1810–12) und vergleicht ihn in seiner Herrscherwillkür mit einem Despoten.

Trotz der aufgewühlten Stimmung reden beide Dialogpartner auch hier in der Form des klassischen Kunstwerks, die alle Leidenschaften mildert und dem Gesetz der Schönheit unterwirft – ein Umstand, der es den Schülerinnen und Schülern schwermacht, die aufgeladene Atmosphäre nachzuvollziehen. Denn um die zum Teil subtilen Drohgebärden in den knappen Antworten des Taurerkönigs zu verstehen, müssen sie schwierige, gelegentlich zur Sentenz verdichtete Aussagen entschlüsseln und in den konkreten Bedeutungszusammenhang zurückführen (»Die Vorsicht stellt der List sich klug entgegen«, V. 1873), sie müssen Ironiesignale in hochkodierter Sprache als Maßregelung erkennen (»Die heil'ge Lippe tönt ein wildes Lied«, V. 1821) und darüber hinaus mit ihren Kenntnissen zur äußeren und inneren Situation und viel Empathie die Gedanken und Gefühle erahnen, die den Dialog der Protagonisten begleiten. Auch sollten sie begreifen, dass schon die Bereitschaft des Barbarenkönigs, Iphigenie ausreden zu lassen – noch dazu in diesem Umfang (!) –, kultivierten Umgangsformen entspricht: »[S]ein Schweigen ist seinerseits zivilisatorisch, dem wütenden Ausbruch abgedungen« (Adorno, Anm. 4, S. 86).

8.3 *Deus ex machina* – die Lösung des dramatischen Konflikts bei Euripides

Unterrichtsschritt. Mit der Kenntnis der Lösung des Konflikts in der griechischen Vorlage (VORLAGE 8c ***Die Lösung des dramatischen Konflikts in Euripides' Drama »Iphigenie bei den Taurern«***) verschaffen sich die Schülerinnen und Schüler wichtige Voraussetzungen zu einem umfassenden Verständnis der modernen Adaption in Goethes *Iphigenie*.

UG

VORLAGE 8c ➤ S. 72

Erläuterungen. Die abschließenden vier rhetorischen Fragen des ersten Abschnitts von V,3 (V. 1879, 1883–85) offenbaren Ratlosigkeit der Tantalidin. Die beiden letzten, benachbarten Verse nehmen dabei eine Sonderstellung ein, weil sie den Unterschied zwischen der hier angedeuteten »antiken« Lösung bei Euripides (»Ruf ich die Göttin um ein Wunder an?«, V. 1884) und der sich abzeichnenden modernen Lösung durch Goethe umreißen: »Ist keine

VORLAGE 8b

Lösung

Lösungswort: **HUMAN SACRIFICES** (›Menschenopfer‹)

Bestimmt haben Ihnen die Satzverknüpfungen innerhalb der Teilsätze, also die Konjunktionen, Adverbien und Pronomen, bei der Suche nach Zusammenhängen sehr geholfen. Solche »Scharnierwörter« sind für jeden Leser eine wichtige Hilfe zum Verständnis eines Textes.

Ist Ihnen übrigens aufgefallen, dass beide Dialogpartner trotz der aufgewühlten Stimmung auch in dieser Szene in der sprachlichen Form des klassischen Kunstwerks sprechen? Nach der Kunstauffassung der Klassik soll die edle sprachliche Form auch die Affekte, also wilde, unbeherrschte Gefühle, bändigen und dem Gesetz der Schönheit unterwerfen. Dadurch entsteht im Kunstwerk ein harmonischer Ausgleich zwischen Emotionen und Geist.

Kraft in meiner Seele Tiefen?« (V. 1885). Die beiden Verse eignen sich als Ausgangspunkt für eine kontrastive Erschließung der Konfliktlösung, zu deren Veranschaulichung und Vertiefung zunächst der Dramenschluss bei Euripides mittels einer *Dea ex machina* vorgestellt wird. Dieses überraschende Eingreifen eines ›Gottes aus der (Theater-)Maschine‹ (der mit einer Hebemaschine, ähnlich einem Schiffskran, auf dem Dach des Bühnenhauses abgesetzt wurde oder über der Bühne schwebte) löste in der antiken Tragödie tragische Konflikte, die aus menschlicher Sicht unlösbar erschienen: Die Göttin Athene rettet die Griechen und das Standbild ihrer eigenen Schwester Artemis in höchster Not vor dem Zugriff der barbarischen Taurer, deren Opferpraxis aber nicht explizit aufgehoben wird. Euripides' Drama endet mit dem Chor der fünfzehn weiblichen griechischen Kriegsgefangenen, die »zum geretteten Teil / reich an Segen gehörend« ihre Stadtgottheit als »erhabene […] Pallas Athene« (*Iphigenie bei den Taurern*, griech./dt., übers. und hrsg. von Paul Dräger, Stuttgart 2014, V. 1490–93) preisen. (Zur Erinnerung: Das Drama wurde vermutlich 412 v. Chr. im Dionysostheater in Athen uraufgeführt.) – Goethe nimmt mit der Humanisierung des Mythos, der Psychologisierung der Figuren durch eine Verlagerung des dramatischen Konflikts in das Innere, mit der Emanzipation der Figuren von dies- und jenseitigen Abhängigkeiten und der konsequenten Anerkennung einer sittlichen Verantwortung des Menschen eine deutliche Korrektur des antiken Mythos vor.

VORLAGE 8c

Die Lösung des dramatischen Konflikts in Euripides' Drama *Iphigenie bei den Taurern* (412 v. Chr.)

»Orest und Pylades […] sind nach Tauris gekommen, um auf Apollons Geheiß das Standbild der Artemis zu rauben und nach Griechenland zu bringen. Dafür soll Orestes von der Verfolgung der Erinnyen befreit werden […] Sie fallen jedoch in die Hände der Taurer und werden Iphigenie zugeführt, die als Priesterin der Artemis die Fremdlinge zum Opfertod vorzubereiten hat. Die Geschwister erkennen sich. Nun wollen sie gemeinsam fliehen und das Bild der Göttin mit sich nehmen. Iphigenie täuscht Thoas, den König der Taurer, indem sie vorgibt, das durch den Muttermörder entheiligte Götterbild im Meere reinigen zu müssen. Die Flucht gelingt zunächst. Doch ein ungünstiger Wind wirft die Flüchtigen ans Ufer zurück. Schon droht Strafe durch Thoas, als Athene erscheint und ihm befiehlt, die Griechen ziehen zu lassen. Thoas beugt sich dem Willen der Göttin.«

Reclams Schauspielführer. Hrsg. von Siegfried Kienzle und Otto C. A. zur Nedden. 21. Aufl. Stuttgart: Reclam, 2001. S. 43.

Zusatzmaterial. Vorbereitetes szenisches Lesen des Dramenschlusses von Euripides' *Iphigenie bei den Taurern* mit dem parteiischen Eingreifen der Gottheit. Ein entsprechender Auszug findet sich in *Iphigenie*, Reclam XL, S. 98–100 (Anhang 5.4).

8.4 Das Geständnis der Wahrheit

Unterrichtsschritt. Der Kurs begreift die im Geständnis angelegte, von Humanität geprägte Lösung des dramatischen Konflikts und zieht zum Vergleich Grundzüge der Aufklärung heran. Die gemeinsame Lektüre V. 1892–1992 (*Iphigenie*, Reclam XL, S. 58–61) bereitet das Unterrichtsgespräch vor, das mit den Kenntnissen zur antiken Vorlage (VORLAGE 8c , 8.3, S. 72) zügig zum Stundenergebnis geführt werden kann (TAFELBILD 8 , Teil 1).

Um das Tafelbild mit seinem noch vagen Begriff »Überzeugung von der Richtigkeit der eigenen Wertvorstellungen« abzuschließen, ist ein kleiner Exkurs zu Immanuel Kants kategorischem Imperativ erforderlich, der den Lerngruppen dieser Altersstufe in der Regel bekannt ist. Der Exkurs mit zwei kurzen Texten (VORLAGE 8d ***Immanuel Kant: Was ist Aufklärung? / Kategorischer Imperativ***) stellt Iphigenies Weg und ihre Entscheidung in einen Zusammenhang zur Aufklärung, verdeutlicht zugleich den Unterschied (vgl. Verbalisierung im TAFELBILD 8 , Teil 2) und bereitet Unterrichtsschritt 8.6 vor.

UG

TAFELBILD 8
(Teil 1/2)
➤ S. 73/74

VORLAGE 8d
➤ S. 74

Erläuterungen. Die Lerngruppe erkennt, dass die Aufklärung die gleichen inhaltlichen Überzeugungen wie Iphigenie vertrat, diese aber nicht wie Iphigenie aus dem »Herzen«, also aus dem Gefühl, ableitete, sondern aus Einsicht durch den Verstand. Weil der Mensch über Erkenntnisvermögen durch Vernunft verfüge, sei es seine Pflicht, seinen Verstand zu gebrauchen und dadurch seine Affekte zu kontrollieren.

Immanuel Kant definierte 1788 mit dem »kategorischen Imperativ« ein allgemeingültiges Gesetz und damit einen objektiven Maßstab für das Gute.

Leitfragen zum TAFELBILD 8 (Teil 1):

- Nennen Sie Informationen aus Iphigenies Geständnis, die über Thoas' Vermutung hinausgehen.
- Stellen Sie wesentliche Unterschiede bei der Konfliktlösung durch Euripides und Goethe heraus.
- Erläutern Sie die Vorstellungen von Autonomie/Selbstbestimmung, die Goethes Iphigenie leiten.
- Klären Sie das neue Rollenverständnis zwischen Menschen und Göttern bei Goethe.
- Iphigenie nennt ihre Offenbarung des Fluchtplans ein »kühnes Unternehmen« (V. 1913). Auf welchen Überzeugungen beruht ihr riskantes Vorgehen?

TAFELBILD 8 (Teil 1)

Iphigenies Entschluss zur Wahrheit (V,3)

»Ist keine Kraft in meiner Seele Tiefen?« (V. 1885)

Zweifel an der Verlässlichkeit der Götter für eine humane Lösung
Beharren auf Autonomie gegenüber Menschen und Göttern
Notwendigkeit eines eigenverantwortlichen Handelns (V. 1892 ff.)
Überzeugung von der Richtigkeit der eigenen Wertvorstellungen (vgl. 4. Aufzug)

- Offenheit, Wahrheit, Gewaltverzicht in den zwischenmenschlichen Beziehungen (anstelle von Lüge, Betrug, Raub)
- Ansteckende Wirkung der eigenen Vorbildlichkeit (V. 1936)
- Offenheit aller Menschen für »die Stimme / Der Wahrheit und der Menschlichkeit« (V. 1937 f.)
- Fähigkeit und Einsicht des Menschen, moralisch zu handeln: »Versagen kannst du's nicht« (V. 2150)
- Positives Götterbild nach menschlichem Vorbild (V. 1918)

➜ HUMANITÄT

Leitfragen zum TAFELBILD 8 (Teil 2):

- Weisen Sie die Gemeinsamkeit zwischen den Ideen der Aufklärung und Iphigenies Verhalten nach.
- Klären Sie den Unterschied, indem Sie noch einmal kurz die letzten Stationen ihres Entscheidungswegs zurückverfolgen. Beachten Sie etwa Aussagen wie »Allein mein eigen Herz ist nicht befriedigt« (V. 1648) oder »Ich untersuche nicht, ich fühle nur« (V. 1650) in ihrer Auseinandersetzung mit Pylades (IV,4).

VORLAGE 8d

Immanuel Kant: Was ist Aufklärung?

»Aufklärung ist der Ausgang des Menschen aus seiner selbst verschuldeten Unmündigkeit. Unmündigkeit ist das Unvermögen, sich seines Verstandes ohne Leitung eines anderen zu bedienen. Selbstverschuldet ist diese Unmündigkeit, wenn die Ursache derselben nicht am Mangel des Verstandes, sondern der Entschließung und des Mutes liegt, sich seiner ohne Leitung eines anderen zu bedienen. *Sapere aude*! Habe Mut dich deines eigenen Verstandes zu bedienen! ist also der Wahlspruch der Aufklärung.«

Immanuel Kant: Beantwortung der Frage: Was ist Aufklärung? In: I. K.: Denken wagen. Der Weg aus der selbstverschuldeten Unmündigkeit. (Was bedeutet das alles?) Stuttgart: Reclam, 2017. S. 7.

Immanuel Kant: Kategorischer Imperativ

»[H]andle nur nach derjenigen Maxime, durch die du zugleich wollen kannst, dass sie ein allgemeines Gesetz werde.«

Immanuel Kant: Grundlegung zur Metaphysik der Sitten. Hrsg. von Theodor Valentiner. Stuttgart: Reclam, 1961 [u. ö]. S. 53.

TAFELBILD 8 (Teil 2)

Iphigenies Entschluss zur Wahrheit (V,3)

[…]

In ihrer sittlichen Autonomie handelt Iphigenie ganz im Sinne der Aufklärung. Bei ihr befindet sich diese sittliche Kraft bereits in einem harmonischen Einklang mit ihren Empfindungen (vgl. etwa ihre Unfähigkeit zu Lüge und Betrug). Es liegt also keine Vernunftentscheidung vor, sondern sie kann sich bei moralischen Entscheidungen ganz auf ihr Gefühl verlassen und entspricht als »schöne Seele« einem Humanitätsideal, das über die Pflichtethik Kants hinausgeht.

VORLAGE 2
➤ S. 20

Zusatzmaterialien. Weitere Ausführungen zum Geist der Aufklärung vgl. *Iphigenie*, Reclam XL, S. 104 f. (Anhang 6.1). – Der erneute Rückgriff auf das Fresko *Opferung der Iphigenie in Aulis* aus der zweiten Unterrichtsstunde (VORLAGE 2) vertieft den aktuellen Lernprozess, indem die dort dargestellte Orientierung der königlichen bzw. geistlichen Täter am Willen der Göttin anschaulich mit dem Menschenbild der Aufklärung kontrastiert werden kann.

8.5 Einklang oder Entzweiung? Exemplarische Analyse der Antilaben V. 1936–42 (fakultativ)

UG

Unterrichtsschritt und Erläuterungen. Die Schülerinnen und Schüler erarbeiten sich anhand formaler und sprachlicher Merkmale eine Prognose über den Ausgang des Dramas.

Die durch diesen Zwischenschritt (Textlupe in Partnerarbeit) angeregte Analyse der kunstvollen sprachlichen und formalen Gestaltung der Verse 1936–42 (*Iphigenie*, Reclam XL, S. 59) schärft die Wahrnehmung der Schülerinnen und Schüler für sprachliche und formale Mittel an einer herausragenden Stelle, die wegen der Signalwirkung auf die Fortsetzung der Handlung einen anspruchsvollen und zugleich anschaulichen Transfer ermöglicht. Zur Lösung vgl. Sachanalyse, S. 68.

Leitfrage/Arbeitsauftrag:
- Untersuchen Sie die sprachliche und formale Verschränkung der Dialoganteile in V. 1936–42 und erschließen Sie sich daraus eine eigene Vorausdeutung auf Thoas' Entscheidung bzw. den Ausgang des Dramas.

8.6 Thoas: Edelmut und Tragik des Taurerkönigs

Unterrichtsschritt. Die Schülerinnen und Schüler erkennen an der Figurengestaltung des Taurerkönigs durch Goethe eine deutliche Mythenkorrektur, zumal der Barbarenfürst schließlich zu einer tragischen Figur wird, deren menschliche Größe die seiner griechischen Gäste überstrahlt. Sie vertiefen dies, indem sie das ARBEITSBLATT 8b ***Wissenschaftliche Deutungen zum Ausgang des Dramas*** (auch in *Iphigenie*, Reclam XL, S. 111, Z. 17–31 [Adorno] und S. 112, Z. 18–36 [Meier]) in Einzelarbeit bearbeiten.

UG / EA

ARBEITSBLATT 8b
➤ S. 78
TAFELBILD 8
(Teil 3)
➤ S. 75

Erläuterungen. Die Entscheidung über den Ausgang des Konflikts liegt einzig beim Taurerkönig, dem sich Iphigenie anvertraut hat. Der Weg zur Rettung und Abreise der Griechen, zwischendurch unterbrochen durch drohende Waffengewalt, verläuft über das Gebot des Thoas, die Waffen schweigen zu lassen, »so lang wir reden« (V. 2023), über die eindeutige Identifizierung eines der beiden Griechen als Iphigenies Bruder, über dessen einfallsreiche Umdeutung des Orakels, schließlich über ausufernde Appelle, Mahnungen (»Denk an dein Wort«, V. 2146), sogar Rechtsansprüche (V. 2141) – über erheblichen moralischen Druck also –, bis Thoas endlich nachgibt. Mit seinem Waffenstillstandsgebot hatte er diesen Sieg der kommunikativen Vernunft allerdings selbst eingeleitet. – Die Euphorie in den letzten Versen der Griechen und die enthusiastische Aufbruchstimmung zur Heimreise können die Tragik kaum verbergen, die sich hier abspielt. Denn der Stifter dieses Glücks der Griechen, der sich mit seiner edlen Entscheidung zu sittlicher Größe durchgerungen hat, muss die Zeche für das Versöhnungsfest zahlen, muss zurückbleiben und entsagen. »Er darf [...] an der höchsten Humanität nicht teilhaben, [ist] verurteilt deren Objekt zu bleiben, während er als ihr Subjekt handelte« (Adorno, Anm. 4, S. 111). – Dem Bedürfnis der Schülerinnen und Schüler, über diese Lösung des Konflikts zu diskutieren, ist hinreichend Raum zu gewähren, bevor die Ergebnisse mit den beiden wissenschaftlichen Interpretationsansätzen ergänzt werden.

TAFELBILD 8 (Teil 3)

Iphigenies Entschluss zur Wahrheit (V,3)

[...]

Ganz im Sinne Kants handelt am Ende Thoas, weil bei ihm der Zwiespalt zwischen sittlicher Pflicht und persönlichen Interessen am größten ist.

8.7 Offenes Ende des geschlossenen Dramas (fakultativ)

Unterrichtsschritt. Eine kurze Analyse des letzten, von Thoas gesprochenen (Teil-)Verses (V. 2174) leitet die Kreativaufgabe ein (VORLAGE 8e ***Variationen des Dramenendes***).

UG / EA

VORLAGE 8e
➤ S. 76

Erläuterungen. Borchmeyer entdeckt in der Schlussszene in der menschlichen Größe des Taurerkönigs das Bild des »guten Herrschers«, mit dem Schriftsteller im 18. Jahrhundert zur Fürstenerziehung beitragen wollten. Aber er sieht dieses Ende, die Verse Frank Wedekinds zitierend, auch »melancholisch verschattet« und verweist auf das unvollendete Metrum im letzten Vers: »[D]er Abschiedssegen ›Lebt wohl!‹ [...] bildet nur den ersten Fuß eines wiederum nicht abgeschlossenen Verses, der also schweigend weiterklingt. Mit welcher Empfindung Thoas diese letzten Worte des Dramas spricht, bleibt im wahrsten Sinne offen« (Borchmeyer, Anm. 1, S. 147 f.).

VORLAGE 8e

Variationen des Dramenendes

Aus Frank Wedekind: »Epilog« zu Goethes *Iphigenie auf Tauris*

»Mein Aug' wird düster, starr lenkt meine Hand
Den Stab. Ich habe niemand mehr zu lieben.
Gerissen liegt der Freundschaft zartes Band,
Das Edle floh von Tauris wildem Strand.
Nur Haß und Mißgunst sind zurückgeblieben. – – –«

Zit. nach: Rolf Kieser: Benjamin Franklin Wedekind. Biographie einer Jugend. Zürich: Arche-Verlag, 1990. S. 143.

Arbeitsauftrag:

Thoas steht an der taurischen Meeresküste und blickt dem abfahrenden Schiff der Griechen hinterher. – Schreiben Sie einen inneren Monolog, der seine Gedanken und Gefühle verdeutlicht.

ARBEITSBLATT 8a

Iphigenie und Thoas im offenen Disput (V,3)

Die Verzögerung des Menschenopfers hat Thoas in der Vorszene zum Tempel eilen lassen, wo ihm Arkas seinen Argwohn bestätigt. Nun fordert er die herbeizitierte Iphigenie auf, ihm die Gründe für den Aufschub persönlich zu erklären …

A Als solche ende ihre anerzogene Bereitschaft zu Gehorsam, wenn sie gegen ihre Überzeugung dazu gezwungen werde.

A Verärgert verlangt der König von seiner Priesterin deshalb, nicht eine andere Regel zu verletzen, nach der man »den Mächtigen« nicht »reizen« (V. ______) solle.

C Etwas irritiert erinnert Iphigenie ihn nun an ihre eigene Rettung vor dem Opfertod in Aulis und leitet aus dem damaligen gnädigen Erbarmen der Göttin eine entsprechende Verpflichtung für die Menschen ab.

C Zwar dementiert Iphigenie gleich darauf den eigenen Einsatz solcher Mittel und verweist auf ein angeblich reines Gewissen – aber erst nach den versteckten Warnungen des Königs.

E Nun ist sie ratlos, wie sie ihr »Innres« (V. ______), also die Reinheit ihrer Seele, noch bewahren kann.

F Sie appelliert an seinen Anstand, die Worte einer Frau als deren einziges Mittel im ungleichen Geschlechterkampf zu achten.

H Iphigenie behauptet, die Göttin gewähre dem Taurerkönig eine Denkpause, um seine grausame Anweisung an die Priesterin noch einmal zu überlegen.

I Als sie zuletzt noch andeutet, dass den Schwachen in einem ungleichen Kampf notfalls noch »List« und weitere trickreiche »Künste« (V. ______) zur Verfügung stehen, wird Thoas hellhörig.

I Schließlich wirft Iphigenie ihm vor, Zwang und Gewalt gegen eine schwache Frau einzusetzen.

M Als Thoas daraufhin bemängelt, eine derart kritische Aussage stehe einer Priesterin nicht zu, stellt Iphigenie ihre Herkunft als griechische Königstochter heraus.

N Thoas beharrt dennoch auf seiner Anordnung und versucht, diese mit der althergebrachten Tradition des taurischen Menschenopfers zu rechtfertigen.

R Doch Thoas besteht auf seinem Befehl und versucht, Iphigenie erneut auf ihre Rolle als Priesterin und deren Pflichten festzulegen.

S Als Thoas ihr unterstellt, es gehe ihr lediglich um die Chance, mit Hilfe der als Griechen identifizierten Gefangenen nach Griechenland zurückzukehren, unterbricht sie den Dialog, um sich in einem Selbstgespräch zu sammeln und zu einer Entscheidung durchzuringen.

S Iphigenie hält ihm jedoch das viel ältere Gebot der Gastfreundschaft entgegen.

U Wenn er aber an seinem unmenschlichen Beschluss festhalte, finde er, wie jeder Despot, sicherlich genügend Untertanen zum blutigen Geschäft mit der Ausführung dieses Befehls, während er sich selbst in seiner abgehobenen Stellung einer Verantwortung entziehe.

Lösungsbegriff (bestehend aus zwei Worten): ______________________________

Arbeitsauftrag:

Setzen Sie nach der Lektüre des Dialogs zwischen Iphigenie und Thoas (5. Aufzug, V. 1804–91) den obigen Beginn einer Textzusammenfassung fort.

- Bringen Sie dazu die 15 Sätze (**A–U**) anhand des Verlaufs der Auseinandersetzung in die richtige Reihenfolge. Die vorangestellten Buchstaben ergeben den Lösungsbegriff.
- Ergänzen Sie auch die drei Versangaben.

ARBEITSBLATT 8b

Wissenschaftliche Deutungen zum Ausgang des Dramas

»Die große Schlußszene mit Thoas dann trachtet, durch einen Takt, der dem gesellschaftlichen abgelernt ist, durchs Ritual von Gastfreundschaft, bis zur Unkenntlichkeit abzuschwächen, was geschieht: daß der Skythenkönig, der real weit edler sich verhält als seine edlen Gäste, allein, verlassen übrig ist. Der Einladung wird er schwerlich folgen. Er darf, eine Sprachfigur Goethes anzuwenden, an der höchsten Humanität nicht teilhaben, verurteilt, deren Objekt zu bleiben, während er als ihr Subjekt handelte. Das Unzulängliche der Beschwichtigung, die Versöhnung nur erschleicht, manifestiert sich ästhetisch. Die verzweifelte Anstrengung des Dichters ist überwertig, ihre Drähte werden sichtbar und verletzen die Regel der Natürlichkeit, die das Stück sich stellte. Man merkt die Absicht und man wird verstimmt. Das Meisterwerk knirscht in den Scharnieren: damit verklagt es den Begriff des Meisterwerks.«

Theodor W. Adorno: Zum Klassizismus von Goethes »Iphigenie«.
In: Th.W.A.: Noten zur Literatur IV. Hrsg. von Rolf Tiedemann.
Frankfurt a.M.: Suhrkamp, 1974. (Gesammelte Schriften. Hrsg. von
Rolf Tiedemann unter Mitw. von Gretel Adorno [u.a.]. Bd. 11.) S. 509.

»Voll und ganz im Sinne kantianischer Gesetzesstrenge handelt nur Thoas, der uneigennützig entsagt, während sich den Atriden jeder Wunsch erfüllt. Dass dem Taurerkönig das letzte Wort gehört, dessen Abgepresstheit in der Lakonie des ›Lebt wohl!‹ überdeutlich wird, ist schlüssig, weil der Skythe sittlicher handelt als die Griechen. Schiller hat diese Überlegenheit herausgehört: ›So ist es eine vorzügliche Schönheit in der deutschen Iphigenia, daß der taurische König, der einzige, der den Wünschen Orests und seiner Schwester im Wege steht, nie unsre Achtung verliert und uns zuletzt noch Liebe abnötigt‹. In dieser Umkehrung der Wert-Hierarchie, in der ein Barbar die Griechen übertrifft, kommt der eigentliche Neuansatz Goethes zum Tragen. Es ist nicht die exilierte Iphigenie, in deren Heimatsehnsucht sich die Griechenferne des sentimentalischen und daher graecophilen Dichters wiedererkennen würde. So wie die Handlung um Iphigenie auf der Differenz von Kulturvolk und Barbaren fußt, so spiegelt Goethe an diesem Stoff die eigene Distanz zur Antike und schreibt seinem ›modernen‹ Werk die Klassik/Romantik-Differenz ein, in deren Licht die Taurer den Griechen zwangsläufig mehr als nur ebenbürtig sind.«

Albert Meier: Johann Wolfgang Goethe. ›Iphigenie auf Tauris.
Ein Schauspiel‹ (1779/87). In: A. M.: Klassik – Romantik. Unter Mitarb.
von Stephanie Düsterhöft. Stuttgart: Reclam, 2008. S. 254 f.

Arbeitsauftrag:
Vergleichen Sie die beiden wissenschaftlichen Deutungen zum Ausgang des Dramas.

9 Friedrich Schillers Programm einer *Ästhetischen Erziehung* als Weg zur Humanisierung einer Gesellschaft kritisch nachvollziehen

Sachanalyse

Zwei Jahre nach dem Erstdruck der *Iphigenie* (durch die J. G. Göschen'sche Verlagsbuchhandlung) brachen mit der Erstürmung der Bastille am 14. Juli 1789 dramatische Ereignisse über Frankreich herein, die das Land und schließlich ganz Europa in eine schwere Krise stürzten und in ein neues Zeitalter führten. Der revolutionäre Sturm in den Städten und auf dem Land, die Emigration des Adels, die Aburteilung und Hinrichtung des Königs und später der Königin, die militärische Mobilisierung der Massen, die blutige Diktatur der Jakobiner, schließlich die Herrschaft des napoleonischen Frankreich über Europa beendeten das Ancien Régime, zeigten mit der gesellschaftlichen Verrohung aber auch Ambivalenz und Ohnmacht der Aufklärung, auf die sich die Revolution mit ihren politischen Forderungen berufen hatte.

Auch wenn Goethe überzeugt war, dass die Ursachen der Revolution in den Auswüchsen der feudalaristokratischen Gesellschaft lagen, stand er den revolutionären Ereignissen ablehnend gegenüber. 1792 musste er seinen Herzog Karl August, der zugleich Generalmajor einer preußischen Einheit war, beim Feldzug der österreichisch-preußischen Koalitionsarmee gegen das revolutionäre Frankreich begleiten. Er erlebte die »Kanonade von Valmy«, ein Artilleriegefecht zwischen den Kriegsgegnern, an vorderster Front, bevor der miserabel organisierte Feldzug im Schlamm stecken blieb und sich die Streitkräfte der beiden deutschen Großmächte, von einer Ruhr-Epidemie geplagt, auf dem Rückzug auflösten. Wenn Goethe später in einem Brief an Schiller vom 19. Februar 1802 seine *Iphigenie* als »ganz verteufelt human« bezeichnete, spricht daraus eine veränderte, eine realistischere Weltsicht, die hier greifbar wird als distanzierende »Skepsis gegenüber der realen Chance der Wahrheit, sich in einer durch das Revolutionszeitalter tiefgreifend veränderten Welt durchzusetzen«[1].

Die Bilder von der Erstürmung der Bastille zeigen eine aufgebrachte, bewaffnete Menge, die einer kommunikativen Vernunft, wie sie prägend ist für den Geist seines »gräcisierenden« Dramas, schon längst nicht mehr zugänglich ist. Während der Taurerkönig den Griechen in Goethes »poetische[m] Aufruf zur Edelmutspose«[2] freien Abzug von der Insel gewährt und damit eine humane Lösung ermöglicht, wird eine ähnliche Garantie an jenem symbolischen 14. Juli 1789 auf grausame Weise mit Füßen getreten: Um ein weiteres Blutvergießen zu vermeiden, hatte der Kommandant der Bastille, Marquis de Launay, die Kapitulation seiner Wachmannschaft gegen freien Abzug angeboten und sich damit ganz in die Hände der Belagerer begeben. Aber die fanatisierte, blutrünstige Menge fiel trotz der Zusicherung freien Geleits über die Gefängnisbesatzung her, verübte wahllos Lynchjustiz und trug zuletzt den auf einer Pike aufgespießten Kopf de Launays triumphierend durch Paris – ein schwerer Bruch mit allen Konventionen und ein Auftakt zu weiterer Radikalisierung.

Schiller hatte sich mit Äußerungen zu den Ereignissen im Nachbarland zunächst zurückgehalten, obwohl er als Opfer absolutistischer Zwangsherrschaft allen Grund gehabt hätte, mit der Revolution zu sympathisieren, so wie die Revolutionsbefürworter Herder und Klopstock. Spätestens die Septembermorde von 1792, als in einer tagelangen Massenhysterie die Gefängnisse gestürmt und über 1200 Häftlinge als angebliche Volksverräter bestialisch ermordet wurden, öffneten jedoch den deutschen Revolutionsfreunden die Augen über die bedrückenden Vorgänge in Frankreich, die mit der Hinrichtung des Königs und der Schreckensherrschaft der Jakobiner ihre nächsten Höhepunkte fanden und bis 1795 etwa 30 000 Terroropfer hinterließen. Entsetzt von den Ereignissen in Frankreich, in denen »rohe gesetzlose Triebe [...] mit unlenksamer Wut ihrer tierischen Befriedigung zueilen«,[3] versuchte Schiller das Scheitern der Emanzipation des Menschengeschlechts zu analysieren. Der Zeitpunkt für den Versuch der Franzosen, politische Freiheit zu erringen, sei historisch verfrüht gewesen, denn er sei nicht auf freie Menschen gestoßen, die der absolutistische Staat unterdrückt hatte, sondern auf »wilde Tiere, die er an heilsame Ketten legte«.[4] Solche staatlichen »Ketten« dürften daher erst dann fallen, wenn die rohe Triebnatur der Menschen so weit humanisiert sei, dass der Einzelne fähig geworden ist,

1 Dieter Borchmeyer, *»Du Mont Schnellkurs Goethe«. Klassische Dramatik*, www.goethezeitportal.de/wissen/dichtung/schnellkurs-goethe/klassische-dramatik.html (6. 2. 2019), Abschnitt »Iphigenie auf Tauris oder die Humanisierung des Mythos«.

2 Fritz Hackert, »Iphigenie auf Tauris«, in: *Goethes Dramen. Neue Interpretationen*, hrsg. von Walter Hinderer. Stuttgart 1980, S. 165.

3 Zit. nach: *Iphigenie*, Reclam XL, S. 90 (Anhang 4.3: »Friedrich Schiller: Brief an den Herzog von Augustenburg vom 13. Juli 1793«).

4 Zit. nach: ebd.

seine Freiheit auszuüben. – Schillers Brief vom 13. Juli 1793 ist der dritte von 14 Briefen an seinen Gönner, den Herzog von Augustenburg, der dem Schriftsteller ein dreijähriges Stipendium gestiftet hatte. Später arbeitete Schiller diese Briefe zu der Abhandlung *Über die ästhetische Erziehung des Menschen* (1795) um, nachdem die Originale bei einem Schlossbrand vernichtet worden waren. Unter dem Eindruck der blutigen Anarchie in Frankreich entwickelte er darin das Konzept einer ästhetischen Erziehung, um mit den Mitteln der Kunst eine Veredelung des menschlichen Charakters zu bewirken. Auch ihm galt dabei die griechische Antike als idealisiertes Vorbild für seine Vorstellungen von einer vollkommenen Persönlichkeit und dem Ideal einer Gesellschaft.

Unterrichtsverlauf

Überblick. Die Schülerinnen und Schüler gewinnen einen Eindruck von der Wirkung der Französischen Revolution auf damalige Zeitgenossen; sie vertiefen Geschichtskenntnisse in einem neuen Zusammenhang, begreifen die Epoche der Klassik in ihren historischen Bezügen und erfahren dadurch die Geschichtlichkeit von Literatur. ! Verkürzter Verlauf: 9.1 – 9.3 – 9.4

Phase	Thema	Sozialform	Kompetenzen und Lernziele	Materialien
Voraussetzungen: Kenntnis des gesamten Dramas				
9.1	Blutige Anarchie im revolutionären Frankreich: Die Erstürmung der Bastille in Paris am 14. Juli 1789	UG	• Sich aus der Verknüpfung tief eingebetteter Einzelinformationen einen Überblick verschaffen	VORLAGE 9a ➤ S. 81 VORLAGE 9b ➤ S. 82 VORLAGE 9c ➤ S. 82
9.2 fakultativ	Friedrich Schiller: *Das Lied von der Glocke* (1799)	EA / UG	• Die Bilder eines literarischen Textes als kritische Auseinandersetzung mit einem historischen Ereignis dekodieren	ARBEITSBLATT 9a ➤ S. 87
9.3	Friedrich Schiller: Brief an den Herzog von Augustenburg vom 13. Juli 1793 (1. Teil)	EA / UG	• Informationen in einem vielschichtigen voraussetzungsreichen Sachtext erfassen und verstehen	ARBEITSBLATT 9b ➤ S. 88 oder *Iphigenie*, Reclam XL, S. 90 f. TAFELBILD 9 ➤ S. 84
9.4	Friedrich Schiller: Brief an den Herzog von Augustenburg vom 13. Juli 1793 (2. Teil)	PA / UG	• Kerngedanken der *Ästhetischen Erziehung* Schillers erfassen • Das Epochenbild zur Klassik ergänzen	ARBEITSBLATT 9c ➤ S. 89/90 oder *Iphigenie*, Reclam XL, S. 91–93
*9.5 fakultativ	Zeitgenössische Kritik an Schillers Programm zur ästhetischen Erziehung	UG	• Zeitgenössische Schriften in die Kontextualisierung literarischer Werke einbeziehen und bewerten	VORLAGE 9d ➤ S. 86

9.1 Blutige Anarchie im revolutionären Frankreich: Die Erstürmung der Bastille in Paris am 14. Juli 1789

UG

VORLAGE 9a
➤ S. 81

Unterrichtsschritt. In Anknüpfung an bereits vorhandene Kenntnisse zum 14. Juli 1789 verstehen die Lernenden die Ereignisse als Auftakt zu einer Zeitenwende. Sie entdecken an der Zusage des freien Abzugs für die Besatzung der Bastille eine Parallele zum Ausgang der *Iphigenie* unter völlig unterschiedlichen Voraussetzungen (VORLAGE 9a ***Charles Thévenin: Die Erstürmung der Bastille in Paris am 14. Juli 1789, um 1793*** und VORLAGE 9b ***Augenzeugenbericht zum Tod des Marquis de Launay am 14. Juli 1789***) und lernen eine Erklärung für das Verhalten der revolutionären Masse kennen (VORLAGE 9c ***Gustave Le Bon: »Psychologie der Massen«, 1895***). Vor dem Hintergrund der historisch überlieferten Grausamkeiten bewerten sie die humane, auf kommunikativer Vernunft beruhende Lösung in Goethes *Iphigenie* als Konstruktion eines Ideals aus dem Geist von Aufklärung und Klassik.

Leitfragen/Arbeitsaufträge:

- Stellen Sie aus dem Bericht des Augenzeugen Kerversau zu den extremen Ereignissen vom 14. Juli 1789 Gesichtspunkte zusammen, die Handlungsverlauf und Menschenbild des Dramas *Iphigenie auf Tauris* (1787) als ein weltfremdes Ideal zu bestätigen scheinen. – Weisen Sie umgekehrt anhand dieser Ereignisse vom 14. Juli 1789 Gemeinsamkeiten mit der (idealen) Welt des Dramas nach.
- Ermitteln Sie aus den Thesen Gustave Le Bons Aspekte, die dem Menschenbild der Klassik zu widersprechen scheinen. Überprüfen Sie auch hier eine Verallgemeinerung.

VORLAGE 9a Charles Thévenin: Die Erstürmung der Bastille in Paris am 14. Juli 1789, um 1793

Erläuterungen zu den Vorlagen. Das Gemälde von Charles Thévenin (VORLAGE 9a) lenkt den Blick auf die dramatischen Ereignisse am 14. Juli 1789 vor der Bastille, wo es trotz Verhandlungen des Kommandanten mit den Aufständischen doch noch zu schweren Kampfhandlungen mit 90 Toten gekommen war – vermutlich wegen eines Missverständnisses. Zuvor hatten aufgebrachte Pariser Bürger ein Waffendepot geplündert, denn man befürchtete, dass Ludwig XVI. die Reformen, die sein Finanzminister und die Ständeversammlung eingeleitet hatten, mit militärischen Mitteln rückgängig machen wollte. In der Bastille vermutete man weitere Waffen, außerdem galt die Burg als Zuchthaus für politische Häftlinge. Auf dem Gemälde wird die Festnahme des Kommandanten der Bastille, Marquis de Launay (rote Uniformjacke), gezeigt, der, umringt von Bewaffneten, abgeführt wird. Um ein weiteres Blutvergießen zu vermeiden, hatte er das Gefängnis unter der Bedingung eines freien Abzugs der Besatzung geöffnet. Wenig später wurde er bestialisch ermordet.

Die VORLAGE 9b informiert über die vergeblichen Versuche des Wäschereibesitzers Hulin, der zuvor Einheiten der königlichen Nationalgarde in einer flammenden Rede zum Seitenwechsel gebracht hatte, und des übergelau-

VORLAGE 9b

Augenzeugenbericht zum Tod des Marquis de Launay am 14. Juli 1789

»Hulin, Elie und ein paar andere übernahmen de Launays Bewachung, und es gelang ihnen, ihn aus der Bastille zu bringen, nicht ohne von der Menge angegriffen zu werden, die einmütig seinen Tod forderte […]. Die einen rissen ihm die Haare aus, andere richteten ihre Degen auf ihn und wollten ihn durchbohren. Von Todesangst ergriffen, sagte der Unglückliche mit verlöschender Stimme zu Hulin: ›Ah, Monsieur, Sie hatten mir versprochen, mich nicht zu verlassen. Bleiben Sie bei mir bis zum Rathaus!‹ Ein anderes Mal, sich an Elie wendend, rief er: ›Ist es das, was Sie mir versprochen hatten? Ah, Monsieur, bleiben Sie bei mir!‹

Aber die Raserei der Menge wurde immer größer, und ihr blinder Zorn verschonte auch die Eskorte des Marquis de Launay nicht. Elie erhielt mit dem Gewehrkolben einen Schlag auf den Kopf, der ihn tot niedergestreckt hätte, wenn nicht sein runder Hut die Wucht des Schlages aufgehalten hätte; aber er war gezwungen, die Eskorte […] zu verlassen. Hulin selbst, trotz seiner Kraft und seiner mächtigen Gestalt, konnte der Gewalttätigkeit der Menge keinen Widerstand leisten; erschöpft von den Misshandlungen und den Anstrengungen zur Verteidigung seines Gefangenen, wurde er auf der Place de Grève von ihm abgedrängt. Als er sich umdrehte, sah er das Haupt Monsieur de Launays auf eine Pike gespießt […] Die Menge, die fürchtete, man werde ihr das Opfer entreißen, hatte ihm auf den Stufen des Rathauses die Kehle durchgeschnitten.«

14. Juli. »Ich habe die Bastille genommen.« Auszug aus einem Bericht des Juristen Kerversau, der später von der Revolution abrückte. In: Die Französische Revolution in Augenzeugenberichten. Hrsg. von Georges Pernoud und Sabine Flaissier. Übers. von Hagen Thürnau. München: Deutscher Taschenbuch Verlag, [4]1981. S. 35 f.

VORLAGE 9c

Gustave Le Bon: *Psychologie der Massen*, 1895

Als Begründer der Massenpsychologie gilt der Arzt und Soziologe Gustave Le Bon (1841–1831), der das Umschlagen der Französischen Revolution in Terror zu erklären versuchte. In seinem Hauptwerk »Psychologie der Massen« spricht er von einer »Gemeinschaftsseele« der einzelnen in der Masse,

»vermöge deren sie in ganz andrer Weise fühlen, denken und handeln, als jedes von ihnen für sich fühlen, denken und handeln würde […]. Die erste dieser Ursachen besteht darin, dass der einzelne in der Masse schon durch die Tatsache der Menge ein Gefühl unüberwindlicher Macht erlangt, welches ihm gestattet, Trieben zu frönen, die er für sich allein notwendig gezügelt hätte. Er wird ihnen um so eher nachgeben, als durch die Namenlosigkeit und demnach auch Unverantwortlichkeit der Masse das Verantwortungsgefühl, das die einzelnen stets zurückhält, völlig verschwindet. Eine zweite Ursache, die geistige Übertragung […] bewirkt gleichfalls das Erscheinen der besonderen Wesenszüge der Masse […]. In der Masse ist jedes Gefühl, jede Handlung übertragbar, und zwar in so hohem Grade, dass der einzelne sehr leicht seine persönlichen Wünsche den Gesamtwünschen opfert […].«

Gustave Le Bon: Psychologie der Massen. Übers. von Rudolf Eisler. Stuttgart: Kröner, [13]1973. S. 10–18.

fenen Gardeoffiziers Elie, das Versprechen auf freien Abzug der Besatzung der Bastille gegen die tobende Menge durchzusetzen. Diese Nahaufnahme der revolutionären Ereignisse beleuchtet den Beginn von barbarischen Exzessen, die in ihrer Grausamkeit dem Tantalidenmythos nicht nachstehen. Das Scheitern einer humanen Lösung, die mit dem Versprechen eines freien Abzugs in extremer Situation immerhin versucht wurde, wird durch den neuen Akteur auf der politischen Bühne, die Masse der aufständischen Pariser Bevölkerung, verhindert.

Die Thesen Gustave Le Bons (VORLAGE 9c) liefern eine Begründung für das Versagen einer kommunikativen Vernunft im Revolutionszeitalter, dessen Erfahrungen Goethe zu der berühmten selbstkritischen Bewertung seiner *Iphigenie* veranlassten, sie sei »ganz verteufelt human«. Diese späte Skepsis gegenüber dem idealistischen Geist seines Kunstwerks bereitet die Lektüre von Schillers Brief an den Herzog von Augustenburg vom 13. Juli 1793 vor (*Iphigenie*, Reclam XL, S. 90–93). Schillers Forderung nach einem »G r i e c h i s c h e [n] Geist« in der Kunst und nach Idealen, die dem Zeitgeist »unaufhörlich das Bild des höchsten Schönen vorhalten, wie tief auch das Zeitalter sich entwürdigen mag« (zit. nach *Iphigenie*, Reclam XL, S. 93), enthält schließlich eine Antwort für die zuvor aufgeworfenen Fragen.

9.2 Friedrich Schiller, *Das Lied von der Glocke* (1799) (fakultativ)

Unterrichtsschritt. Die Schülerinnen und Schüler vertiefen ihre Eindrücke und Erkenntnisse aus 9.1 und erarbeiten sich anhand des ARBEITSBLATTS 9a ***Friedrich Schiller: »Das Lied von der Glocke« (1799, Auszug)*** eine weitere Verstehensgrundlage für Schillers Brief an den Herzog von Augustenburg vom 13. Juli 1793. Sie begreifen die Desillusionierung Schillers durch die Vorgänge in Frankreich, das bisher als kulturelles Vorbild Europas gegolten hatte.

EA / UG

ARBEITSBLATT 9a
➤ S. 87

Erläuterungen zu ARBEITSBLATT 9a. Die schnelle Radikalisierung der Revolution bis hin zum Terror der Jakobiner während der Schreckensherrschaft 1793/1794 führte zu einer Ernüchterung und zu einem Umdenken bei deutschen Intellektuellen, die – wie im Fall Schiller – ihr eigenes Engagement für politische Freiheit und Menschenrechte durch den Verlauf der Revolution gefährdet sahen. Schillers *Lied von der Glocke* wurde 1799 veröffentlicht und thematisiert in diesem Ausschnitt den völligen Zusammenbruch der gesellschaftlichen Ordnung durch blinde Zerstörungswut und Mordlust, die auch vor Ländergrenzen nicht haltmacht. Schiller, der 1792 als »Freiheitsdichter« von der französischen Nationalversammlung mit der Verleihung des französischen Bürgerrechts geehrt worden war, kritisiert hier u. a. leidenschaftlich den Missbrauch der Begriffe »Freiheit« und »Gleichheit«. Zum Abschluss der schauerlichen, z. T. apokalyptischen Bilder (»offnem Höllenrachen«) greift er die Rolle der Aufklärung auf, die einem blindwütigen Volk mit politischen Parolen den Zündstoff zu blutiger Anarchie und zu einer gesellschaftlichen Animalisierung geliefert habe, nicht aber die Erkenntnis zur Gestaltung einer freien Gesellschaft. Vielmehr desavouiert sich das revolutionäre Freiheitsstreben im Kampf gegen die absolutistische Herrschsucht nun selbst durch exzessiven Missbrauch der soeben gewonnenen Macht.

9.3 Friedrich Schiller: Brief an den Herzog von Augustenburg vom 13. Juli 1793 (1. Teil)

Unterrichtsschritt. Die Erarbeitung des anspruchsvollen Textes erfolgt in zwei Schritten. Denn erst die im Tafelbild gesicherte Klärung des ersten Abschnitts im Unterrichtsgespräch (mit vorbereitender Stillarbeitsphase auf dem ARBEITSBLATT 9b ***Friedrich Schiller: Brief an den Herzog von Augustenburg vom 13. Juli 1793, 1. Teil***, mit Binnendifferenzierung) schafft die Verstehensvoraussetzungen für Schillers Vorschläge zur ästhetischen Erziehung (Text auch in *Iphigenie*, Reclam XL, S. 90 f., Z. 1–48).

EA / UG

ARBEITSBLATT 9b
➤ S. 88

TAFELBILD 9
➤ S. 84

Leitfragen:
- Skizzieren Sie die Ursachen, die nach Schillers Ansicht zum Scheitern der Französischen Revolution führten.
- Bestimmen Sie die hier zugrunde gelegten drei Stufen beim Emanzipationsprozess einer Kultur.
- Charakterisieren Sie diese drei Stufen und markieren Sie geeignete Textstellen als Belege.
- (*) Beschreiben Sie das Bild, das Schiller von den »zivilisierten Klassen«, also den höheren sozialen Schichten zeichnet.
- (*) Klären Sie, warum nach Schillers Ansicht die Aufklärung versagt hatte.

Erläuterungen zum TAFELBILD 9. Das Textzitat zu »bürgerliche Freiheit«, »das Heiligste aller Güter«, ist dem zweiten Teil des Briefes entnommen (Z. 47, siehe 9.4 mit ARBEITSBLATT 9c). Gegebenenfalls kann es nachgetragen werden. Deutlich werden muss aber schon hier, dass trotz aller Kritik die bürgerlichen und politischen Freiheitsrechte auch für Schiller höchste Präferenz haben.

TAFELBILD 9

Friedrich Schiller: Brief an den Herzog von Augustenburg vom 13. Juli 1793

Analyse des Scheiterns der Französischen Revolution

Bürgerliche Freiheit

- *Politische Freiheitsrechte*
  »das Heiligste aller Güter« (Z. 47)

Menschliche Freiheit

- *Mensch als sittliches Wesen / moralischer Kompass für jeden*
  »moralische[r] Widerstand von innen« (Z. 16 f.)
- *Voraussetzung für politische Freiheitsrechte*
  »Anspruch auf Freiheit« (Z. 31)

Physischer Zustand

- *Untere soziale Schichten*
  »niedern Klassen« (Z. 14)
- *Zustand völliger Unmündigkeit*
  »rohe gesetzlose Triebe« (Z. 14)
  »wilde Tiere« (Z. 19)
- *Notwendigkeit einer strengen Staatsgewalt*
  »Zwangsgewalt« (Z. 17)
  »heilsame Ketten« (Z. 19)

Weitere Ursachen:

- Dekadenz der höheren sozialen Schichten: »Erschlaffung« (Z. 21)
- Versagen der Aufklärung: »bloß theoretische Kultur« (Z. 24)

9.4 Friedrich Schiller: Brief an den Herzog von Augustenburg vom 13. Juli 1793 (2. Teil)

EA / UG

ARBEITSBLATT 9c

➤ S. 89/90

Unterrichtsschritt. Das ARBEITSBLATT 9c ***Friedrich Schiller: Brief an den Herzog von Augustenburg vom 13. Juli 1793, 2. Teil*** (Text auch in *Iphigenie*, Reclam XL, S. 91–93, Z. 49–117) erfordert Partnerarbeit. Die hier verlangten Überlegungen führen bereits zu einer Phase der bewertenden Reflexion, die im fakultativen Unterrichtsschritt 9.5 mit einem Quellentext aus der damaligen literarischen Debatte fortgesetzt werden kann.

Erläuterungen zum ARBEITSBLATT 9c. Der umstrittene Satz »[M]an wird damit anfangen müssen für die Verfassung Bürger zu erschaffen, ehe man den Bürgern eine Verfassung geben kann« (Z. 50 f.) öffnet die Tür zur zweiten Hälfte des Briefs (Z. 39–95), in dem Schiller seine Gedanken zur »Veredlung der Gefühle und […] sittliche[n] Reinigung des Willens« (Z. 62 f.) entfaltet. Die Aufklärung sei nur »theoretische Kultur« (Z. 24) geblieben, habe also außerhalb intellektueller Minderheiten keine Spuren hinterlassen und den einfachen Bürger nicht erreicht, geschweige denn sein Herz gewonnen (vgl. Z. 52–70). Diese Lücke soll nach seiner Vorstellung durch die »Künste des Schönen und Erhabenen« (Z. 73) gefüllt werden, durch eine ästhetische Kultur, die »Licht« und »Wärme« (Z. 66), also Erkenntnis und Herzensbildung, gleichermaßen vermittelt. Im ästhetischen Zustand erlebe der Mensch einen harmonischen Ausgleich seiner sinnlich-sittlichen Doppelnatur und damit größtmögliche persönliche Freiheit. Denn in der Spielwelt einer zweckfreien Kunst, und damit befreit von den realen Beschränkungen seiner Existenz, erfahre der Mensch die eigenen Möglichkeiten eines sittlichen, zu Vernunft und Humanität fähigen Wesens.

Lösungshinweis: Als falsch sind die Aussagen 2, 3, 5, 8, 11 zu werten, weil sie widersprüchlich sind bzw. nicht mit dem Text übereinstimmen.

*9.5 Zeitgenössische Kritik an Schillers Programm zur ästhetischen Erziehung (fakultativ)

Unterrichtsschritt mit Erläuterungen. Der rheinpfälzische Schriftsteller und Abenteurer Friedrich Christian Laukhard (1757–1822) widersprach Schiller und dessen Konzept zur ästhetischen Erziehung mit einem materialistischen Ansatz (ARBEITSBLATT 9d ***Friedrich Christian Laukhard: »Zuchtspiegel für Fürsten und Hofleute«, 1799***), den er anhand eines Vergleichs mit der Flora begründet. Die Natur bilde zuerst das Äußere einer Pflanze, seine physische Gestalt aus, bevor das Schöne und Anmutige hervorgebracht wird, also Geruch und Farbe der Blüte. Bezogen auf den Menschen fordert Laukhard vor allem »seine physische Ausbildung« (*Zuchtspiegel für Fürsten und Hofleute*, Paris 1799, S. XXI [Fußnote]) und damit die Verbesserung der sozialen Lage. Diese müsse einhergehen mit seiner »bürgerlichen« (ebd.), also seiner politischen Befreiung. Erst auf dieser Grundlage sei eine moralische Entwicklung möglich, weil ein unterdrückter Mensch, der tagtäglich einem unmittelbaren Existenzkampf ausgesetzt ist, keine Zeit und keinen Sinn für die Kunst und das Schöne entwickeln könne. Während sich Schiller und die Weimarer Klassik am zeitlosen Ideal, an einer von der Politik losgelösten Kunst als veredelnder Gegenwelt orientierten, verlangte Laukhard eine primär politisch und nicht ästhetisch orientierte Dichtung, die sich auf eine aktuelle geschichtliche Situation bezieht und auf diese im politischen Sinne einwirken will. – Der Unterrichtsschritt setzt ein erhöhtes Leistungsniveau der Lerngruppe voraus.

UG

VORLAGE 9d

➤ S. 86

Leitfragen:

- (*) Nennen Sie Textstellen, an denen Laukhard Schillers idealistisches Konzept, das auf der Wirkung des Kunstschönen und seiner Zeitlosigkeit beruht, direkt angreift.
- (*) Klären Sie, auf welche Weise Laukhard sich eine allgemeine moralische Besserung vorstellt.
- (*) Charakterisieren Sie seine Vorstellungen von Literatur und stellen Sie diese Schillers Konzept gegenüber.

Erläuterung zu VORLAGE 9d. Die Zusammenstellung ist inspiriert von: *Theorie der politischen Dichtung. Neunzehn Aufsätze*, hrsg. von Peter Stein, München 1973. S. 56–59.

VORLAGE 9d

Friedrich Christian Laukhard: *Zuchtspiegel für Fürsten und Hofleute* (1799)

Der rheinpfälzische Schriftsteller und Abenteurer Friedrich Christian Laukhard (1757–1822) kritisiert Schillers Programm zur ästhetischen Erziehung. Der Kernidee Schillers, dass sich der Mensch in der Spielwelt einer zweckfreien Kunst von den realen Beschränkungen seiner Existenz lösen und so die eigenen Möglichkeiten eines sittlichen, zu Vernunft und Humanität fähigen Wesens erfahren könne, fehle die soziale und politische Grundlage.

»Alles recht gut und löblich! Aber wie dies zustande bringen? Wie irgend Leute zum Tanze oder Ball bestimmen, in deren Nachbarschaft es brennt? Oder denen es an dem *Nötigen* fehlt, um an dem *Angenehmen* teilnehmen zu können? Wie ein Haus oder einen Garten verschönern, wenn man weder Haus noch Garten eigentümlich [hier: als Eigentum] besitzt, oder wenigstens nichts dazu übrig hat? [...] Unser Magen ist nicht rein menschlich, noch weniger über allen Einfluss der Zeiten erhaben: er fodert reelle Befriedigung für den Darmsinn; und hat er die zur Genüge und sicher, dann erst hat unser Kopf und Herz Zeit und Geschmack für Ideenspeise. Sonst hat der hungrige Bauch keine Ohren weder für Logik, noch für Ästhetik, noch für Moral; wohl aber Fäuste zum Zugreifen [...].

Hört erst alle Usurpation [Machtmissbrauch], aller Despotismus [Willkürherrschaft] auf, eröffnet oder erweitert man die Brotquellen durch verbesserten Ackerbau, Manufakturen, Fabriken, Kommerz, Pressfreiheit u. d. gl. [und dergleichen], werden die Rechte auch des Geringsten erst allgemein beachtet, erhält jeder Würdige ohne Unterschied der Geburt, freien Zutritt zu Dienststellen und Pachtungen, hebt man die Frohnen [unbezahlte Dienst- und Arbeitsleistungen der Bauern für den Grundherrn], übertriebene Steuern, Wildhegungen, kurz all das auf, was die Menschen zur Sklaven-Arbeit zwingt, ohne die Früchte ihrer Arbeit je in Ruhe zu genießen – dann bedarf es nur eines Winkes durch Beispiel, um sie dahin zu bringen, wohin die *Horen* [*Die Horen*, von Schiller 1795–97 herausgegebene Literaturzeitschrift] es sollen. Geschieht das nicht, wie werden die Horen es erreichen, die politisch-geteilte Welt unter der Fahne der Wahrheit und Schönheit wieder zu vereinigen? Wie gesagt, der hungrige Bauch hat keine Ohren, keine Augen! Daher bei uns der Mangel an Kunstgefühl, Kunstachtung [...].

[Zu fordern sind stattdessen] Gedichte [Dichtungen], welche den fehlgeleiteten Fürsten ihren Herrscherwahn aufhellen, und sie lehren, ihr Volk und dessen Rechte [...] gewissenhaft zu schützen [...]; Gedichte, welche den Missbrauch der Obergewalt und dessen Folgen ebenso schauderhaft darstellen, als sie deren echten Gebrauch wohlmeinend lehren [...]; Gedichte, welche Muster edler Fürsten hinmalen, dadurch die minder edlen anfeuern, ihnen nachzuahmen [...]; Gedichte, welche den Vätern des Volks die Verräter und Vampyre nennen, durch deren Verschulden oft selbst der beste Fürst verkannt und verachtet wird [...]; Gedichte, in welchen man, wie mit eignen Augen, sieht, in welche kleine vermodernde Gruft auch die größte Größe sinkt, und wie der Große nun als unbedeutendes Nichts vergessen, oder als verachtetes Scheusal verflucht, oder als edelbelebendes Muster ewig geachtet, geliebt und gerühmt wird [...]; Gedichte, welche die gewinnsüchtigen Händelmacher, die feilen Rechtsverdreher, die Scharlatane, die Quacksalber und privilegierten Mörder zur Warnung die Gasse laufen lassen: Gedichte also, welche die Haupthindernisse der Humanisierung wegräumen [...].«

Anonym [Friedrich Christian Laukhard]: Zuchtspiegel für Fürsten und Hofleute. Paris 1799. S. XXII–XXIII [Fußnote], XCV–XCVII.

ARBEITSBLATT 9a

Friedrich Schiller: *Das Lied von der Glocke* (1799, Auszug)

Einführung: Das Gedicht verknüpft die Herstellung einer Kirchenglocke in einer Glockengießerei mit der Schilderung eines auf bürgerlichen Werten beruhenden gesellschaftlichen Gefüges. Der blutigen Anarchie im revolutionären Frankreich werden die Stationen eines in der bürgerlichen Gemeinschaft fest verankerten Menschenlebens entgegengestellt. Dieser Auszug aus dem berühmten Gedicht enthält die Verse 342–381 von insgesamt 425 Versen. Schiller warnt hier vor den Folgen, wenn die aus Lehm bestehende feste äußere Form einer Glocke, in die das glühende Eisenerz geleitet wird, unkontrolliert zerbricht.

[…]
Der Meister kann die Form zerbrechen
Mit weiser Hand, zur rechten Zeit,
Doch wehe, wenn in Flammenbächen
Das glühnde Erz sich selbst befreit!
Blindwütend mit des Donners Krachen
Zersprengt es das geborstne Haus,
Und wie aus offnem Höllenrachen
Speit es Verderben zündend aus;
Wo rohe Kräfte sinnlos walten,
Da kann sich kein Gebild gestalten,
Wenn sich die Völker selbst befrein,
Da kann die Wohlfahrt nicht gedeihn.

Weh, wenn sich in dem
Schoß der Städte
Der Feuerzunder still gehäuft,
Das Volk, zerreißend seine Kette,
Zur Eigenhilfe schrecklich greift!
Da zerret an der Glocken Strängen
Der Aufruhr, dass sie heulend schallt
Und nur geweiht zu Friedensklängen
Die Losung anstimmt zur Gewalt.
Freiheit und Gleichheit!
hört man schallen,
Der ruh'ge Bürger greift zur Wehr,
Die Straßen füllen sich, die Hallen,
Und Würgerbanden ziehn umher,
Da werden Weiber zu Hyänen
Und treiben mit Entsetzen Scherz,
Noch zuckend, mit des Panthers Zähnen,
Zerreißen sie des Feindes Herz.
Nichts Heiliges ist mehr, es lösen
Sich alle Bande frommer Scheu,
Der Gute räumt den Platz dem Bösen,
Und alle Laster walten frei.
Gefährlich ist's den Leu zu wecken,
Verderblich ist des Tigers Zahn,
Jedoch der schrecklichste der Schrecken
Das ist der Mensch in seinem Wahn.
Weh' denen, die dem Ewigblinden
Des Lichtes Himmelsfackel leihn!
Sie strahlt ihm nicht, sie kann nur zünden
Und äschert Städt' und Länder ein.
[…]

Friedrich Schiller: Gedichte. Hrsg. von Norbert Oellers. Stuttgart: Reclam, 1999 [u.ö.]. S. 77 f. [Modernisiert.]

Arbeitsaufträge:

- Das Gedicht gehörte lange zum Kanon der beliebtesten und bekanntesten deutschsprachigen Gedichte und gilt bis heute als deutscher Zitatenschatz. Markieren Sie Verse, die Sie bereits als Zitate kennen oder die sich wegen ihrer Anschaulichkeit und Einprägsamkeit als Zitat eignen.
- Fassen Sie die Grundaussage der 39 Verse zusammen und klären Sie die Bedeutung der Tierbilder im Text.
- Interpretieren Sie die letzten vier Verse, in denen eine beliebte allegorische Darstellung der Aufklärung aufgegriffen wird.

Friedrich Schiller: Brief an den Herzog von Augustenburg vom 13. Juli 1793 (1. Teil)

»Der Versuch des Französischen Volks, sich in seine heiligen Menschenrechte einzusetzen, und eine politische Freiheit zu erringen, hat bloß das Unvermögen und die Unwürdigkeit desselben an den Tag gebracht, und nicht nur dieses unglückliche Volk, sondern mit ihm auch einen beträchtlichen Teil Europens, und ein ganzes Jahrhundert, in Barbarei und Knechtschaft zurückgeschleudert. Der Moment war der günstigste, aber er fand eine verderbte Generation, die ihn nicht wert war, und weder zu würdigen noch zu benutzen wusste. Der Gebrauch den sie von diesem großen Geschenk des Zufalls macht und gemacht hat, beweist unwidersprechlich, dass das Menschengeschlecht der vormundschaftlichen Gewalt noch nicht entwachsen ist, dass das liberale Regiment der Vernunft da noch zu frühe kommt, wo man kaum damit fertig wird, sich der brutalen Gewalt der Tierheit zu erwehren, und dass derjenige noch nicht reif ist zur b ü r g e r l i c h e n Freiheit, dem noch so vieles zur m e n s c h l i c h e n fehlt. [...]

In den niedern Klassen sehen wir nichts als rohe gesetzlose Triebe, die sich nach aufgehobenem Band der bürgerlichen Ordnung entfesseln, und mit unlenksamer Wut ihrer tierischen Befriedigung zueilen. Es war also nicht der moralische Widerstand von innen, bloß die Zwangsgewalt von außen, was bisher ihren Ausbruch zurück hielt. Es waren also nicht freie Menschen, die der Staat unterdrückt hatte, nein, es waren bloß wilde Tiere, die er an heilsame Ketten legte. [...]

Auf der andern Seite geben uns die zivilisierten Klassen den noch widrigeren Anblick der Erschlaffung, der Geistesschwäche, und einer Versunkenheit des Charakters, die um so empörender ist, je mehr die Kultur selbst daran Teil hat. [...]

Die Aufklärung, deren sich die höhern Stände unsers Zeitalters nicht mit unrecht rühmen, ist bloß theoretische Kultur, und zeigt, im Ganzen genommen, so wenig einen veredelnden Einfluss auf die Gesinnung, dass sie vielmehr bloß dazu hilft, die Verderbnis in ein System zu bringen, und unheilbarer zu machen. [...]

Und ist dieses nun die Menschheit, möchte ich fragen, für deren Rechte der Philosoph sich verwendet, die der edle Weltbürger in Gedanken hat, und an welcher ein neuerer Solon seine Ideen von einer Staatsverfassung realisieren möchte? Ich zweifle sehr. Nur seine Fähigkeit als ein sittliches Wesen zu handeln, gibt dem Menschen Anspruch auf Freiheit; ein Gemüt aber, das nur sinnlicher Bestimmungen fähig ist, ist der Freiheit so wenig wert, als empfänglich. Alle Reforme, die Bestand haben soll, muss von der Denkungsart ausgehen, und wo eine Verderbnis in den Prinzipien herrscht, da kann nichts Gesundes, nicht Gutartiges aufkeimen. Nur der Charakter der Bürger erschafft und erhält den Staat, und macht politische und bürgerliche Freiheit möglich. Denn wenn die Weisheit selbst in Person vom Olymp herabstiege, und die vollkommenste Verfassung einführte, so müsste sie ja doch Menschen die Ausführung übergeben. [...]«

Friedrich Schiller: Über die ästhetische Erziehung des Menschen in einer Reihe von Briefen.
Hrsg. von Klaus Berghahn. Stuttgart: Reclam, 2000 [u. ö.]. S. 137–140.

Arbeitsaufträge:

1. Skizzieren Sie die Ursachen, die nach Schillers Ansicht zum Scheitern der Französischen Revolution führten.
2. Bestimmen Sie die hier zugrunde gelegten drei Stufen beim Emanzipationsprozess einer Kultur.
3. Charakterisieren Sie diese drei Stufen und markieren Sie geeignete Textstellen als Belege.

*4. Beschreiben Sie das Bild, das Schiller von den »zivilisierten Klassen«, also den höheren sozialen Schichten, zeichnet.

*5. Klären Sie, warum nach Schillers Ansicht die Aufklärung versagt hatte.

Friedrich Schiller: Brief an den Herzog von Augustenburg vom 13. Juli 1793 (2. Teil)

»[…] So lange aber der oberste Grundsatz der Staaten von einem empörenden Egoismus zeugt, und so lange die Tendenz der Staatsbürger nur auf das physische Wohlsein beschränkt ist, so lange, fürchte ich, wird die politische Regeneration, die man so nahe glaubte, nichts als ein schöner philosophischer Traum bleiben.

Soll man also aufhören, darnach zu streben? Soll man gerade die wichtigste aller menschlichen Angelegenheiten einer gesetzlichen Willkür, einem blinden Zufall anheimstellen, während dass das Reich der Vernunft nach jeder andern Seite zusehends erweitert wird? Nichts weniger, Gnädigster Prinz. Politische und bürgerliche Freiheit bleibt immer und ewig das Heiligste aller Güter, das würdigste Ziel aller Anstrengungen, und das große Zentrum aller Kultur – aber man wird diesen herrlichen Bau nur auf dem festen Grund eines veredelten Charakters aufführen, man wird damit anfangen müssen für die Verfassung Bürger zu erschaffen, ehe man den Bürgern eine Verfassung geben kann. […]

Auf den Charakter wird bekanntlich durch Berichtigung der Begriffe und durch Reinigung der Gefühle gewirkt. Jenes ist das Geschäft der philosophischen, dieses vorzugsweise der ästhetischen Kultur. Aufklärung der Begriffe kann es allein nicht ausrichten, denn von dem Kopf ist noch ein gar weiter Weg zu dem Herzen, und bei weitem der größere Teil der Menschen wird durch Empfindungen zum Handeln bestimmt. Aber das Herz allein ist ein eben so unsicherer Führer und die zarteste Empfindsamkeit wird nur ein desto leichterer Raub der Schwärmerei, wenn ein heller Verstand sie nicht leitet. Gesundheit des Kopfes wird also mit der Reinheit des Willens zusammentreffen müssen, wenn der Charakter vollendet heißen soll.

Dies dringendere Bedürfnis unsers Zeitalters scheint mir die Veredlung der Gefühle und die sittliche Reinigung des Willens zu sein, denn für die Aufklärung des Verstandes ist schon sehr viel getan worden. Es fehlt uns nicht sowohl an der Kenntnis der Wahrheit und des Rechts, als an der Wirksamkeit dieser Erkenntnis zu Bestimmung des Willens, nicht sowohl an Licht als an Wärme, nicht sowohl an philosophischer als an ästhetischer Kultur. Diese Letztere halte ich für das wirksamste Instrument der Charakterbildung, und zugleich für dasjenige, welches von dem politischen Zustand vollkommen unabhängig, und also auch ohne Hülfe des Staats zu erhalten ist.

Und hier ist es nun, Gnädigster Prinz, wo die Kunst und der Geschmack ihre bildende Hand an den Menschen legen, und ihren veredelnden Einfluss beweisen. Die Künste des Schönen und Erhabenen beleben, üben und verfeinern das Empfindungsvermögen, sie erheben den Geist von den groben Vergnügungen des Stoffes zum reinen Wohlgefallen an bloßen Formen, und gewöhnen ihn, auch in seine Genüsse Selbsttätigkeit zu mischen. Die wahre Verfeinerung der Gefühle besteht aber jederzeit darin, dass der höhern Natur des Menschen und dem göttlichen Teil seines Wesens, seiner Vernunft und seiner Freiheit, ein Anteil daran verschafft wird.

[…] Die Gesetze der Kunst sind nicht in den wandelbaren Formen eines gefälligen und oft ganz entarteten Zeitgeschmacks, sondern in dem Notwendigen und Ewigen der menschlichen Natur, in den Urgesetzen des Geistes, gegründet. Aus dem göttlichen Teil unsers Wesens, aus dem ewig reinen Ether [Äther] idealischer Menschheit strömt der lautere Quell der Schönheit herab, unangesteckt von dem Geist des Zeitalters, der tief unter ihm in trüben Strudeln dahin wallt. Daher kann auch die Kunst, mitten unter einem barbarischen und unwürdigen Jahrhundert, rein wie eine Himmlische wandeln, sobald sie nur ihres hohen Ursprungs eingedenk bleibt, und sich nicht selbst zur Sklavin niedrigerer Absichten und Bedürfnisse erniedrigt. So wandelt noch jetzt der Griechische Geist in seinen wenigen Überresten durch die Nacht unsers nordischen Zeitalters, und sein elektrischer Schlag weckt manche verwandte Seele zum Gefühl ihrer Größe auf.

Damit aber der Kunst nicht das Unglück begegne, zur Nachahmung des Zeitgeistes herunter zu sinken, den sie zu sich erheben soll, so muss sie Ideale haben, die ihr unaufhörlich das Bild des höchsten Schönen vorhalten, wie tief auch das Zeitalter sich entwürdigen mag […].«

Friedrich Schiller: Über die ästhetische Erziehung des Menschen in einer Reihe von Briefen. Hrsg. von Klaus Berghahn. Stuttgart: Reclam, 2000 [u. ö.]. S. 140–143.

Arbeitsauftrag:

Lesen Sie die Fortsetzung des Textes und überprüfen Sie die folgenden Aussagen **1–13** auf dem Arbeitsblatt hinsichtlich ihrer Übereinstimmung bzw. fehlenden Übereinstimmung mit dem gesamten Text. Geben Sie jeweils eine Textstelle als Beleg für Ihre Entscheidung an. (Entscheidungshilfen enthalten auch die Ausführungen zur »Kunstauffassung der Klassik« in: *Iphigenie*, Reclam XL, S. 87, Anhang 4.1.)

1. Die Menschen in ihrer Masse sind der politischen Freiheit, die sie auf revolutionärem Weg erobert haben, noch nicht gewachsen, weil sie innerliche Barbaren geblieben sind.	JA / NEIN	Z. ________
2. Schiller ist der Ansicht, dass erst eine freiheitliche Verfassung wegen der damit verbundenen staatsbürgerlichen Verantwortung des Einzelnen eine charakterliche Besserung in der Gesellschaft auslöst.	JA / NEIN	Z. ________
3. Die Aufklärung hat versagt, weil das menschliche Handeln nicht von Empfindungen gesteuert wird.	JA / NEIN	Z. ________
4. Die Aufklärung hat versagt, weil sie die Herzen der Bürger nicht erreicht hat.	JA / NEIN	Z. ________
5. Um die Menschen auf einer Gefühlsebene zu erreichen, müssen die Künstler und Schriftsteller möglichst realitätsnahe Themen gestalten.	JA / NEIN	Z. ________
6. In der Kunst erfährt der Mensch seine höhere Natur als ein zu Vernunft und Humanität fähiges Wesen.	JA / NEIN	Z. ________
7. Die Kunst des Schönen und Erhabenen ist wie ein Übungsfeld zur Verfeinerung und Veredelung des Empfindungsvermögens.	JA / NEIN	Z. ________
8. Neben der griechischen Kunst hebt Schiller besonders die Kultur des »nordischen Zeitalters« als Vorbild heraus.	JA / NEIN	Z. ________
9. Kunst soll nicht einem Zeitgeist unterworfen sein, sondern sich an zeitlosen, höchsten Idealen orientieren.	JA / NEIN	Z. ________
10. Da die Spielwelt der Kunst autonom und damit außerhalb aller üblichen Nützlichkeitsüberlegungen ist, erfährt der Mensch sich hier außerhalb der realen Beschränkungen seiner Existenz und erlebt so seine innere Freiheit.	JA / NEIN	Z. ________
11. Da die Selbstvervollkommnung des sittlich-geistigen Menschen das Bildungsziel der Weimarer Klassik war, rückten die politisch-gesellschaftlichen Ziele der Aufklärung auf Kosten der Charakterbildung des Einzelnen in den Vordergrund.	JA / NEIN	Z. ________
12. Die Welt der Kunst eröffnet Freiheitsräume, weil sie den zeitlosen Regeln des Schönen, der Ästhetik folgt, nicht aber den jeweiligen Vorgaben von Politik, Religion und Moral.	JA / NEIN	Z. ________
13. In seiner Idee einer »ästhetischen Erziehung«, also einer charakterlichen Verbesserung der Menschen durch Kunst, sieht Schiller den einzigen Weg zum Erlangen von politischer Freiheit.	JA / NEIN	Z. ________

10 Am Modell lernen: Aufsatztraining

10.1 Erschließung und Interpretation eines poetischen Textes

Klausuraufgabe

Johann Wolfgang Goethe: *Iphigenie auf Tauris*, Auftritt IV,2 (Reclam XL, S. 44–47).

1. Erschließen Sie den Auftritt nach Inhalt, Aufbau, dramaturgischer Gestaltung, Sprache und Figurengestaltung.
2. Zeigen Sie, dass sich hinter den »Schmerzen« (V. 1487), von denen Iphigenie spricht, ein schwerer innerer Konflikt verbirgt, der in den nächsten Auftritten auf seinen Höhepunkt zusteuert.
3. Begründen Sie die literaturgeschichtliche Zuordnung des vorliegenden Textes und der späteren Lösung des dramatischen Konflikts zur Weimarer Klassik (bzw. deutschen Klassik).

Lösungsvorschlag (anspruchsvoll)

Gliederung

A Überblick über den Text
B Erschließung und Interpretation
- I. *Iphigenie auf Tauris*, Auftritt IV,2 (Aufgabe 1)
  1. Inhalt
  2. Aufbau und dramaturgische Gestaltung
  3. Beobachtungen zur Sprache
  4. Figurengestaltung
     a) Arkas
     b) Iphigenie
- II. Entfaltung des inneren Konflikts der Iphigenie (Aufgabe 2)
- III. Merkmale der deutschen Klassik (Aufgabe 3)
  1. Selbstbestimmung und Selbstverantwortung
  2. ____________________
  3. ____________________
  4. ____________________
  5. ____________________
  6. ____________________
  7. ____________________

C Goethes *Iphigenie* als Herausforderung für Theaterregisseure, Schauspieler und Bühnenbildner

A Überblick über den Text

In der vorliegenden Szene erhebt Arkas Einwände gegen Iphigenies veränderten Ablauf des Opferrituals, so dass sie ihren Anteil an Pylades' Fluchtplan nicht durchsetzen kann. Darüber hinaus lösen die Vorwürfe des königlichen Boten schwere Gewissensbisse in ihr aus.

B Erschließung und Interpretation

I *Iphigenie auf Tauris*, Auftritt IV,2 (Aufgabe 1)

1. Inhalt

Der Dialog wird von Arkas eröffnet. Er fordert Iphigenie auf, das von Thoas angeordnete Menschenopfer voranzutreiben, und behauptet, der König und das taurische Volk warteten bereits auf das Ritual. Die Griechin beteuert, sie habe ihre priesterlichen Pflichten befolgt, aber einer der Gefangenen habe wegen eines Mordes im engsten Familienkreis schwere Schuld auf sich geladen und dadurch das heilige Tempelinnere besudelt. Daher müsse zunächst das Kultbild der Diana am Meer gereinigt werden. In einem heftigen Wortwechsel besteht der argwöhnisch gewordene Arkas jedoch darauf, für diese Änderung des Ablaufs die Genehmigung des Königs einzuholen, und weist damit den Anspruch der Priesterin auf Eigenständigkeit in religiösen Dingen zurück. Im zweiten Teil der Szene bittet er Iphigenie, die Werbung des Königs endlich anzunehmen und damit das Menschenopfer zu verhindern. Da Iphigenie dazu keineswegs bereit ist, redet er ihr mit einer eindringlichen Schilderung ihrer segensreichen Tätigkeit in Tauris und ihrer Verehrung im Volk ins Gewissen. Die Griechin zeigt sich von diesen Worten tief beeindruckt, beharrt aber auf der Zurückweisung des Heiratsantrags. Der sichtlich enttäuschte Arkas erneuert jedoch im Aufbruch noch einmal sein Anliegen, indem er auf Thoas' Großzügigkeit ihr gegenüber verweist.

2. Aufbau und dramaturgische Gestaltung

Die Szene spielt, wie das gesamte Drama, vor dem Artemis-Tempel auf Tauris. Die äußere Handlung besteht einzig im dialogischen Sprechen, denn es gibt keinerlei Szenenanweisungen, die auf weitere Aktionen hinweisen. Lediglich Arkas' Satz »Dem Fürsten sag ich an, was hier geschehn« (V. 1499) kündigt weitere äußere Handlung an, nämlich seinen Abtritt. Die Spannung des Dialogs liegt in der scharfen Konfrontation der Standpunkte, die zweimal zum erregten Wortwechsel der Stichomythie gesteigert wird. Mit Blick auf die Vorgeschichte der Szene und damit der dramatischen Handlung erhält dieser Dialog trotz seiner harmonisierenden klassischen Form eine bedrohliche Spannung zwischen Leben und Tod, denn es geht um das unmittelbar bevorstehende Menschenopfer an Iphigenies Bruder und ihrem Vetter. In dieser Szene muss sich die Priesterin zudem erstmals in ihrem Leben als Lügnerin und damit in einer ihr verhassten Rolle bewähren. – Die fast symmetrische Verteilung der Redeanteile täuscht über den inhaltlichen Verlauf des Dialogs hinweg, denn der Vertraute des taurischen Königs beherrscht die Auseinandersetzung, gibt die Themen vor und drängt Iphigenie in beiden Hälften des Gesprächs in die Defensive. Er eröffnet die Szene mit einem Befehl, fordert Aufklärung über die Verzögerung des Opfers und nötigt Iphigenie einen Aufschub für die Reinigung des Kultbildes ab. Sie muss sich also fügen. Mit den Überredungsversuchen des Arkas in der zweiten Hälfte verändert sich der Charakter des Dialogs zu einer persönlichen Bitte an die Griechin, dieses Menschenopfer durch eine Ehe mit Thoas zu verhindern. Iphigenie widersteht zwar seinen Bemühungen, sie hier umzustimmen und ihr endlich das Ja-Wort abzuringen, aber letztlich ist der Königsbote auch hier erfolgreich. Denn er hinterlässt eine zutiefst verunsicherte Iphigenie, der erst allmählich die persönlichen und ethischen Probleme bewusst werden, die mit Pylades' Fluchtplan verbunden sind.

3. Beobachtungen zur Sprache

Beide Dialogpartner, also sowohl die aus einer Hochkultur stammende griechische Königstochter als auch der angeblich barbarische Skythe, sprechen eine hochstilisierte Kunstsprache im fünffüßigen Jambus, dem Blankvers. Schlüsselwörter wie »Opfer«, »Priesterin«, »König« (alle V. 1421 f.), »Götter« (V. 1430) bzw. »Göttin« (V. 1438), »Tempel« (V. 1434) versetzen den Leser in die Welt der Antike, auf die ja bereits der alte griechische Name *Iphigenie* verweist. Von Anfang an fällt die kunstvolle Gestaltung der Sprache auf, etwa wenn Arkas seine Eingangsaufforderung gleich im zweiten Vers mit einer zum Chiasmus geformten Begründung verstärkt oder wenn Iphigenie ihre Antwort mit gestelzt wirkenden Konjunktiven (»folgte«, V. 1423; »stellte«, V. 1425) und einer stilistisch überzogenen Satzkonstruktion (»Wenn unvermutet nicht ein Hindernis / Sich zwischen mich und die Erfüllung stellte«, V. 1424 f.) so künstlich gestaltet, dass ihr das vergebliche Bemühen zu lügen geradezu anzuhören ist. Wendungen wie »Des nahverwandten Bluts« (V. 1432) oder »mit frischer Welle netzend« (V. 1438) zeigen nicht nur eine erlesene Wortwahl und Metaphorik, sondern verweisen mit dem oft kunstvoll vorangestellten Genitiv und den zahlreichen Adjektiven und Partizipien auf das Griechische. Dem entspricht ein außerhalb der stichomythischen Phasen komplexer Satzbau, besonders wenn die Hypotaxen zu komplizierten Satzperioden gedehnt werden (vgl. V. 1470–74 und V. 1476–82). Wortwahl und Syntax unterstützen also die Anlehnung des deutschen Dramas an griechische Vorbilder, wie man leicht an Übersetzungen der *Ilias* oder *Odyssee* nachvollziehen kann. Auch dort, wo sich der Dialog zu einem hitzigen Schlagabtausch entwickelt, bleibt der Sprachduktus stilvoll, zeigen sich die gedämpften Affekte allenfalls in der Stichomythie, mit der die Positionen dargestellt werden. Selbst hier, in erregten Momenten des Zorns, des Ärgers, sind die Figuren so beherrscht, dass sie noch Sentenzen formulieren können, also Aussagen von zeitloser Wahrheit und Einprägsamkeit: »Versage nicht, was gut und nützlich ist« (V. 1449).

4. Figurengestaltung
a) Arkas

Entgegen seiner früheren Behauptung, »Der Skythe setzt ins Reden keinen Vorzug« (V. 164), erweist sich Arkas als Meister der Redekunst, der nicht nur die Sprache selbst, sondern auch Strategien der Gesprächsführung beherrscht. Zu Anfang tritt er als Beauftragter des Königs auf, der dessen Anweisung übermittelt. Hinter seinem Imperativ »Beschleunige das Opfer« (V. 1421) steht also der Wille des Herrschers. Das Formale und damit Unpersönliche seines Auftretens zeigt sich auch an der förmlichen Anrede der Griechin als »Priesterin« (V. 1421), die Iphigenie auf ihre Rolle als Inhaberin eines kultischen Amts von Thoas' Gnaden festlegt. Diese königliche Autorität wird mit der Frage »Was ist's, das den Befehl des Königs hindert?« (V. 1426) noch einmal explizit herausgestellt und mit dem Satz »Denn er beschloss bei sich der beiden Tod« (V. 1429) verstärkt. Dem Anspruch Iphigenies auf Eigenständigkeit innerhalb ihres religiösen Amtes begegnet er so nachdrücklich mit dem königlichen Machtanspruch, dass sie schließlich klein beigibt.

Doch gleichzeitig verrät der Satz »Denn er beschloss bei sich der beiden Tod« inhaltliche Distanz zum Herrscherwillen. So ist die Tautologie »bei sich« keineswegs redundant, sondern zeigt Kritik an einer offenbar einsamen Entscheidung des Königs. Ab der Mitte der Szene scheint der offizielle Part des Arkas beendet zu sein, und er offenbart sich nun persönlich als entschiedener Gegner des erneuten Menschenopfers. Als solcher versucht er Iphigenie mit eindringlichen Bitten moralisch unter Druck zu setzen: Sie soll in die Ehe mit dem König einwilligen, um den Rückfall in Barbarei zu verhindern. Nachdrücklich schildert er die Verehrung, die sie wegen ihrer in politische Reformen umgesetzten Humanität (»Milde«, V. 1477) beim taurischen Volk erfährt.

Nur bei dieser Verklärung Iphigenies verwendet er ein religiöses Bild: »Milde, die herab / In menschlicher Gestalt vom Himmel kommt« (V. 1477 f.). Ansonsten argumentiert der Unterhändler des Königs bemerkenswert aufgeklärt und verzichtet im Gegensatz zu Iphigenie ganz auf eine Instrumentalisierung der Götter zur Rechtfertigung seiner Erwartungen: »IPHIGENIE. Ich hab es in der Götter Hand gelegt. / ARKAS. Sie pflegen Menschen menschlich zu erretten. / IPHIGENIE. Auf ihren Fingerzeig kommt alles an. / ARKAS. Ich sage dir, es liegt in deiner Hand« (V. 1462–65). Mit diesem Aufruf zur Selbstverantwortung des Menschen, mit diesem modernen Denken ist Arkas selbst einem Griechen wie Pylades weit voraus. Denn der blieb bei aller Zweckrationalität des Denkens und Handelns immer noch in der mythischen Welt gefangen, wenn er sich auf das Orakel berief. Arkas dagegen möchte als Berater des Königs den Reformprozess in Tauris voranbringen, also kultische und politische Traditionen beenden, um »[d]es Menschenlebens schwere Bürden« (V. 1482) für sein Volk zu erleichtern. Für diese Veränderungen aber ist er dringend auf Iphigenies Ausstrahlung und Hilfe angewiesen. Dass diese mit der Verweigerung der Ehe den Rückfall des Königreichs in Barbarei riskiert, kann dieser eifrige Reformer nicht nachvollziehen, zumal er keine Kenntnis von der neuen Situation besitzt, die sich ausgerechnet mit den beiden Todeskandidaten Orest und Pylades ergeben hat.

b) Iphigenie

Iphigenie kann seinen Erwartungen, egal ob als herrschaftliche Forderung oder als private Bitte vorgetragen, nur wenig entgegensetzen. Zunächst verschanzt sie sich hinter einem angeblichen Götterwillen (vgl. V. 1430) und ihren außerordentlichen Fähigkeiten als Priesterin, »[g]eheimnisvolle Weihe zu begehn« (V. 1439), also verborgene kultische Rituale zu vollziehen, die ihr aber nach Arkas' Intervention erst von Thoas zu genehmigen sind. Sie muss also die von ihr beanspruchte Selbständigkeit als Priesterin (»Dies ist allein der Priestrin überlassen«, V. 1444) den wahren Machtverhältnissen opfern, was wiederum den Fluchtplan gefährdet. Ihre Antworten auf Arkas' zunächst behutsam vorgetragene Bitte, dem Heiratsantrag des Königs nachzukommen, werden von ihm geradezu zerpflückt, so vordergründig sind ihre Ausflüchte durch Berufung auf göttliche Fügung. Oder sollte sie die Begegnung mit ihrem Bruder und ihre Aussichten, die Insel verlassen zu können, in ihrer Euphorie tatsächlich als »Fingerzeig« (V. 1464) der Götter interpretieren? Und sich einer Eigenverantwortung für ihr Handeln entziehen, indem sie alle Verantwortung auf schicksalhafte Götter überträgt?

II. Entfaltung des inneren Konflikts der Iphigenie (Aufgabe 2)

Erst Arkas' bewegende Schilderung der Bedeutung Iphigenies für die Taurer macht ihr bewusst, dass sie sich nicht so einfach davonstehlen kann und dass ihr Verhalten keineswegs ihrem Wesen entspricht. Der Vertraute des Königs deutet die »Schmerzen« (V. 1487), die seine Worte bei Iphigenie auslösen, völlig richtig als Gewissensbisse wegen ihrer Verantwortung für das begonnene Reformwerk auf Tauris, das mit dem Menschenopfer gefährdet wäre. In Unkenntnis der Fluchtpläne Iphigenies begreift er noch nicht die Schwere der Schuldgefühle, die er mit seinen Worten auslöst, sondern sieht lediglich das ausbleibende Ja-Wort Iphigenies als Hindernis. Hier bleibt Iphigenie jedoch mit ihrem Begriff »Widerwillen« (V. 1492) fast bis zur Beleidigung abweisend. Arkas begreift zwar Iphigenies Abneigung, hält das aber für keinen hinreichenden Grund, ein Ehebündnis abzulehnen, wie seinem weiteren Werben für eine Verbindung zu entnehmen ist. In dieser Hinsicht bleibt Iphigenie jedoch konsequent und sträubt sich gegen eine von beiden Taurern beanspruchte Verfügungsgewalt über sie, die sie mit einer Zweckheirat zum Gegenstand der Staatsräson erniedrigen würde.

Iphigenie wirkt in der Szene also noch sehr gespalten. Während sie ihre Selbstbestimmung – und ihren Wunsch nach Heimkehr – unmissverständlich gegen die taurischen Heiratspläne behauptet, beruft sie sich gleichzeitig auf einen angeblichen göttlichen Willen. Auch scheint ihr erst Arkas ihre Verpflichtungen gegenüber den Taurern in Erinnerung gerufen zu haben. Mit dieser eher unreflektierten Ichbezogenheit ist sie natürlich noch nicht das klassische Ideal an Humanität, für das sie in der Literaturgeschichte steht.

Schon in der nächsten Szene wird ihr bewusst, dass sie in ihrer Freude über den wiedergefundenen Bruder und die bevorstehende gemeinsame Rückkehr die Folgen des Betrugs und ihrer Flucht nicht bedacht hatte. In einem kindlichen Gottvertrauen hatte sie sich ganz dem seligen Gefühl hingegeben, eine gute Göttin werde sie erneut retten, sanft in einer Wolke verpackt wie damals in Aulis. Das könnte auch eine parodistische Anspielung Goethes auf die Deus-ex-Machina-Lösung bei Euripides sein, denn so einfach lösen sich Konflikte im aufgeklärten Zeitalter nicht. Mit der Ernüchterung wächst ihr Unbehagen an der Lüge zu einer tiefen Skepsis gegenüber dem mit »Betrug« (V. 1525) an den Menschen in Tauris verknüpften Fluchtplan – eine Skepsis, die auch Pylades mit seinen zwingenden Argumenten nicht zerstreuen kann: In solcher Lage muss man mit allen Mitteln um sein Leben kämpfen! Schließlich hat man es mit Barbaren, mit Primitiven zu tun, die an Orest und ihm ihr bestialisches Menschenopfer vollziehen wollen! Wer unter solchen Umständen moralische Bedenken wegen einer Lüge hat, ist völlig naiv und trägt die Verantwortung für den grausamen Tod der Griechen! Moral legitimiert sich auch von den Folgen her, und hier geht es darum, Leben zu retten vor dem Zugriff von Wilden! Iphigenie hat dem nur wenig entgegenzusetzen, ihr Inneres sperrt sich aber weiterhin gegen den Betrugsplan, denn über die Situation hinaus begreift sie noch eine weitere Verantwortung: Wenn sie durch Lüge und Vertrauensbruch, durch Mittäterschaft an Raub und Betrug die Freveltaten ihrer Vorfahren fortsetzt, würde ihr Vorhaben scheitern, den Tantalidenfluch mit ihrer eigenen Reinheit aufzuheben. Umgekehrt würde sie bei einem Beharren auf Wahrhaftigkeit den Tod ihres Bruders riskieren. Ist der Mensch also bei seinem Versuch, sittlich zu handeln, heillos eingeklemmt zwischen der Willkür bösartiger Götter als unentrinnbaren Schicksalsmächten und der Eigengesetzlichkeit alternativloser

Sachzwänge? In dieser aussichtslosen Lage, ein Schritt vor der Schuld, als ihr bisher positives Weltbild ins Wanken gerät, nimmt sie ihre Entscheidungsfreiheit wahr und lässt gegen die Vorgaben des göttlichen Orakels und gegen die pragmatische Klugheit des Pylades ihr Herz sprechen, im Vertrauen darauf, dass auch Thoas, der Barbar also, die »Stimme des Herzens« vernimmt und in dem Konflikt einlenkt.

III. Merkmale der deutschen Klassik (Aufgabe 3)
1. Selbstbestimmung und Selbstverantwortung

Bereits in diesem Wahrnehmen der Entscheidungsfreiheit des Menschen liegt ein Kerngedanke der deutschen Klassik (1786–1832). Der Mensch ist nicht passives Objekt einer undurchschaubaren Weltordnung und schon lange nicht, wie früher im griechischen Mythos, Spielball allmächtiger, unberechenbarer Götter. Um diese Entscheidungsfreiheit wahrzunehmen, muss sich der Mensch aus dem Zustand einer Bevormundung in persönlicher, politischer oder religiöser Hinsicht lösen. Erst durch diese Befreiung sind Selbstbestimmung und Selbstverantwortung als Grundpfeiler der klassischen Vorstellung vom Menschen möglich. Die Selbstverantwortung nimmt den Menschen dabei in eine sittliche Pflicht. Sein Handeln soll nicht auf Gefühl oder Stimmung beruhen, sondern auf klaren sittlichen, letztlich universalen Normen, die als »kategorischer Imperativ« (Kant) in unserem Gewissen leben.

2. ____________
____
____
____
____

Davon ist Iphigenie zum Zeitpunkt des Dialogs mit Arkas (IV,2) noch weit entfernt, als sie sich vorübergehend blind auf einen glücklichen Ausgang mit Hilfe der Göttin bzw. des Pylades verlässt. Aber sie emanzipiert sich von dieser Unmündigkeit, distanziert sich immer mehr von dem mit Betrug verknüpften Fluchtplan, der ihren eigenen Überzeugungen von Wahrheit widerspricht, und trennt sich schließlich von einem Götterbild, das weder mit ihren ethischen Wertmaßstäben noch mit ihren Vorstellungen von menschlicher Autonomie vereinbar ist. Dem Auftritt IV,2 kommt also eine Schlüsselfunktion für Iphigenies weiteren Weg zu, weil die Griechin erst durch die eindringlichen Worte des Skythen aus der naiven Illusion geweckt wird, die Lösung des Konflikts ergebe sich wie von selbst durch göttliche Hilfe oder durch die Klugheit des Pylades, jedenfalls ohne ihre Eigenverantwortung. Erst der Appell des Arkas hat also einen Selbstfindungs- und Reifungsprozess in ihr ausgelöst.

3. ____________
____
____
____
____

Natürlich handelt auch Pylades moralisch, der seinen depressiven Freund unter eigener Lebensgefahr vor den Rachegöttinnen retten will. Aber er ist bei aller eigenen Raffinesse noch ein Höriger der Götter, der einem Orakelspruch folgt, mit dem er Betrug und Raub rechtfertigen kann. Damit reicht er nicht an den sittlichen Idealismus der Iphigenie heran, die die Überzeugung von der grundsätzlichen Veranlagung aller Menschen zu sittlichem Handeln später in einer radikalen Weise verkörpern wird: Sie weiß, dass Thoas' persönliche Interessen ihren eigenen genau entgegenstehen. Aber in der Gewissheit von der Anlage zu Humanität in jedem Menschen verrät sie ihr eigenes Interesse, riskiert sogar das Leben ihres Bruders, das nach herkömmlicher Ansicht nur mit Betrug zu retten wäre, und offenbart dem Taurerkönig die Wahrheit – Geständnis und Appell zugleich: »Verdirb uns – wenn du darfst« (V. 1936). Niemand zwingt dich zum Menschenopfer. Du kannst frei entscheiden, ob du diesen barbarischen Kultus wieder aufnimmst oder unser bisher gemeinsames Werk von Zivilisation und Menschlichkeit auch in alleiniger Verantwortung fortsetzt.

4. ____________
____
____
____
____

Kann das gutgehen? In der Wirklichkeit wohl nur unter den im Drama konstruierten, idealen Bedingungen eines über Jahre gewachsenen Vertrauens zwischen Iphigenie und Thoas und einer kommunikativen Vernunft, die sich den Argumenten und Appellen für eine humane Lösung nicht verschließt. Thoas, zuvor mit seinem Erpressungsversuch noch ganz Barbar, entsagt schließlich uneigennützig und erweist sich in seinem Verzicht dem universalen Humanitätsanspruch Iphigenies bzw. des Dramas mehr als gewachsen. Im vorliegenden Auftritt IV,2 wird dieses Vertrauen greifbar in der Offenheit, mit der Arkas zu Iphigenie spricht. Die Literatur der Weimarer Klassik, das wird in diesem Drama und der Lösung des dramatischen Konflikts besonders deutlich, präsentiert eine idealisierte Wirklichkeit, eine Utopie als Gegenentwurf zur Wirklichkeit. Diese Idealisierung zeigt positive und wünschenswerte Möglichkeiten des Menschen auf, die unter den Bedingungen der Realität kaum ausgelebt werden können, aber als Anlagen in ihm stecken. Das Ideal soll auf die Wirklichkeit zurückstrahlen und, wie in diesem Fall, die Möglichkeit und Verantwortlichkeit des Menschen für die Humanisierung der Welt herausstellen.

5. ____________
____
____
____
____

Stellvertretend für das gesamte Drama zeigt der Auftritt IV,2 auch die Orientierung der Weimarer Klassik an den künstlerischen Vorbildern der griechischen Antike. Ausgehend von Figuren der griechischen Plastik hatte der Kunsthistoriker Johann Joachim Winckelmann 1755 ein ästhetisches Ideal entworfen – das Ruhige und Erhabene, die Bändigung der Leidenschaften, das monochrom Weiße der Figuren –, das zwar nicht unbedingt der tatsächlichen griechischen Plastik entsprach, wohl aber einer zur ästhetischen Idee abstrahierten Vorstellung von dieser Kunst.

6. ____________
____
____
____
____

Wie viele Zeitgenossen war auch Goethe fasziniert von dieser Idee. Als moderner Künstler sollte man die antike Kunst also nicht nachahmen, sondern man konnte Modernes im antiken Gewand gestalten, konnte eine antike Moderne schaffen: Euripides' antikes Drama *Iphigenie bei den Taurern* (um 412 v. Chr) aus dem Geist der Aufklärung! – Die Umsetzung dieser Idee zeigt sich vor allem in der zutiefst vom Humanitätsgedanken der Aufklärung und Klassik geprägten Lösung des dramatischen Konflikts, wird aber auch in IV,2 überaus sichtbar. Dem namen- und bedeutungslosen, oft bis zur Lächerlichkeit dümmlich wirkenden »Boten des Königs« bei Euripides hat Goethe in Arkas eine gewichtige Eigenpersönlichkeit verliehen, der als geistig beweglicher und rhetorisch gewandter Unterhändler auch heikle, persönliche Dinge anspricht, Iphigenie tief ins Gewissen redet und dadurch ihren Selbstfindungsprozess anstößt. Als überzeugter Reformer in Tauris und Aufklärer im Denken repräsentiert er den humanen Geist des Dramas. Mit zahlreichen Sentenzen belegt dieser höchst moderne Skythe seine Weisheit: »Oft wird der Mächtige zum Schein gefragt« (V. 1447), und erfüllt mit solchen allgemeingültigen Aussagen zugleich den Anspruch der Klassik auf Zeitlosigkeit. – Auch wird das Ziel eines an der Antike orientierten ästhetischen Ideals mit jedem Wort veranschaulicht durch die Schönheit der Sprache, die Goethe erst in einem langen Schaffensprozess mit Hilfe des Blankverses in seine endgültige harmonische Form gebracht hat: »Fühlt eine schöne Seele Widerwillen / Für eine Wohltat, die der Edle reicht?« (V. 1493 f.).

7. ____________
____
____
____
____

Der Anspruch der Weimarer Klassik auf Allgemeingültigkeit und Zeitlosigkeit der literarischen Kunstwerke wird auch durch die Loslösung von einem unmittelbaren Wirklichkeitsbezug erfüllt. In Distanz zu den Bedingungen des Alltags, in einem autonomen Kunst-Raum, kann eine Idealwelt konstruiert werden, in der das Einzelne (Iphigenie) das Allgemeine (Humanitätsideal) als eine Art Gegenwelt symbolisiert. Greifbar wird dieser Anspruch auf Allgemeingültigkeit auch an den zahlreichen Sentenzen eines klassischen Dramas wie der *Iphigenie*. Wegen ihrer oft zeitlos gültigen Aussage sind solche Sentenzen fester Bestandteil im deutschen Zitatenschatz geworden – manchmal zum Leidwesen gequälter Zuhörer in Festreden.

C Goethes *Iphigenie* als Herausforderung für Theaterregisseure, Schauspieler und Bühnenbildner

Ein Drama wird geschrieben für das Theater und damit für den Dialog mit einem Theaterpublikum. Aber bewirkt diese scharfe Trennung zwischen Wirklichkeit und Kunst nicht ein Abdriften des Dramas in eine reine Welt des Schönen und Idealen, die nur noch unverbindlich und folgenlos bestaunt werden kann? Um hinter der Harmonie der klassischen Sprache die Abgründe der Handlung und die Risse der Welt sichtbar zu machen, sind Regisseure, Schauspieler und Bühnenbildner bei diesem Schauspiel ganz besonders gefordert.

Arbeitsaufträge:

1. Markieren Sie in der Inhaltsangabe die Verben des sprachlichen Handelns.

*2. Erarbeiten Sie sich aus Gliederungsabschnitt B I.2 Gesichtspunkte zur Analyse der dramaturgischen Gestaltung wie Aufbau des Auftritts, Gesprächsverhalten u. a.

3. Setzen Sie die Untergliederung des Gliederungsabschnitts B III »Merkmale der deutschen Klassik« fort. Verwenden Sie dazu die folgenden Begriffe in richtiger Reihenfolge:

> Johann Joachim Winckelmann und die Vorbildlichkeit der griechischen Antike – Anspruch auf Allgemeingültigkeit und Zeitlosigkeit – Selbstverantwortung als individueller Reifungsprozess – *Iphigenie* als antike Moderne – Sittlicher Idealismus und Humanitätsgedanke – Idealisierte Wirklichkeit

4. Versuchen Sie anschließend, Ihrem Partner diese Merkmale zu erklären.

Lösungshinweis zu Aufgabe 3:

3.2 Selbstverantwortung als individueller Reifungsprozess – 3.3 Sittlicher Idealismus und Humanitätsgedanke – 3.4 Idealisierte Wirklichkeit – 3.5 Johann Joachim Winckelmann und die Vorbildlichkeit der griechischen Antike – 3.6 *Iphigenie* als antike Moderne – 3.7 Anspruch auf Allgemeingültigkeit und Zeitlosigkeit

10.2 Formen des argumentativen Schreibens, hier: Essay

Klausuraufgabe

Das Bild der Frau in Goethes Drama *Iphigenie auf Tauris*: Erörtern Sie das Thema in der Form eines Essays. Berücksichtigen Sie dabei auch Positionen aus den Materialien.

Materialien

1. Anselm Feuerbach (1829–1880), *Iphigenie II* (1871)

2. »Indem das Werk ganz auf dem Gemüte ruht, Entschluss und Entwickelung aus diesem hervorgeht und ein Unsichtbares darstellt, das gleichsam aller Tat und Handlung entgegengesetzt ist, so ist es eben durch seine größte Schönheit undramatisch, wenn auch manche Szenen von dramatischer Wirkung sind.«

Ludwig Tieck: Goethe und seine Zeit. 1828. In: L. T.: Kritische Schriften. Bd. 2. Leipzig: Brockhaus, 1848. S. 213. [Modernisiert.]

3. »Der eigentliche Konflikt, zudem, wirkt wenig zwingend. Warum sollte und dürfte Iphigenie nicht mit List und Lüge ihren Bruder, dessen Freund und sich retten, da ihr doch der Herrscher von Tauris den Tod der Fremden angedroht hat, nur weil sie ihm nicht ihr Ja-Wort gegeben hatte.

Drei Menschenleben aufs Spiel zu setzen, bloß um die eigenen Lippen nicht mit einer Schwindelei zu entweihen – das ist eine Moral, mehr für Schulfeiern als für eine zwingende Wahrheitsfindung der Bühne geeignet.«

Hellmuth Karasek: Iphigenie, ein Frauenstück. In: Der Spiegel. Nr. 29 vom 14. 7. 1980. Zit. nach www.spiegel. de/spiegel/print/d-14332616. html (Stand: 12. 2. 2019).

4. »Goethes Iphigenie trägt eine Botschaft. Sie verkörpert ein ethisches Ideal: die Selbstbestimmung und Selbstverantwortung des einzelnen Menschen. Goethes Schauspiel stellt es so dar, dass diese Selbstbestimmung den Einzelnen aus aller religiösen und auch politischen Bevormundung befreit, ihn aber in dieser Freiheit zugleich Rücksicht üben und das Einverständnis des anderen suchen lässt. Das ist Goethes Änderung der mythischen Vorlage: Nicht die Intrige und auch keine dea ex machina befreien Iphigenie aus ihrem Exil, sondern ihre Offenheit gegenüber Thoas und ihr Vertrauen auf menschliches Verständnis und Einverständnis. Goethes viel zitierter Satz, seine Iphigenie sei ›verteufelt human‹, deutet den antireligiösen Impuls an, der darin liegt, dass hier alle Moral allein auf die menschliche Selbstverantwortung gegründet wird.«

Stefan Matuschek: Klassisches Humanitätsideal: Goethes Iphigenie und ihr Nachhall. In: Mythos Iphigenie. Hrsg. von S. M. Leipzig: Reclam, 2006. S. 173 f.

5. »In der Priesterin selbst offenbart sich die im alten Muster als Dea ex machina eingreifende Göttin Diana; ihre Inkarnation [Verkörperung] im menschlich-humanen Schwesterbild vollbringt die Heilung des Bruders Orest, nur im weiblichen Handlungsmuster geschieht die Entsühnung der Welt im Bekenntnis zu Wahrheit und Offenheit.

Das Drama, in dem eine unendlich leise Frau im genau ausbalancierten Zentrum einer von Gewalt und List dominierten reinen Männerwelt steht, ist [...] ein reines Frauenstück geworden [...].

Dabei ist Goethes Iphigenie, wie seine Schwester*, wie Charlotte von Stein**, zur Liebenden nicht geboren und berufen: Sie sind Schwestern und ihr aller Schwesterbild ist die keusche Diana, die Göttin des Mondes. Als solche Schwestern und Dienerinnen der Hüterin der Frauen und Kinder haben sie ein ausgesprochen feinfühlig-kritisches Verhältnis zu den Männern, zu deren Taten und zu deren Welt entwickelt. Iphigenie im Besonderen macht, gespeist aus ihren Erfahrungen mit der Gewalttätigkeit der Männer – ihr Vater Agamemnon opfert sie um seiner Kriegsziele willen; Thoas fordert ihren Dienst für seine Menschenopfer –, kein Hehl aus ihrem Widerwillen gegen dieses hochsymbolisch schuldhaft gezeichnete Geschlecht.«

Joseph Kiermeier-Debre: Goethes Frauen. 44 Porträts aus Leben und Dichtung. München: Deutscher Taschenbuch Verlag, 2011. S. 183–185.

* Goethes jüngere Schwester Cornelia starb im Alter von 26 Jahren nach vier Jahren unglücklicher Ehe.

** In der großen Liebe zwischen der verheirateten Hofdame in Weimar und Goethe blieb Sexualität tabuisiert.

6. »Wenn Iphigenie ihre Reinheit nur im Tempelbezirk bewahren wollte, würde sie in die Gefahr der Weltlosigkeit geraten. Es ist die die Gefahr der schönen Seele, wie sie Georg Wilhelm Friedrich Hegel in seiner *Phänomenologie des Geistes* eindringlich beschrieben hat. Ein solches Wesen, heißt es dort, ›lebt in der Angst, die Herrlichkeit seines Innern durch Handlung und Dasein zu beflecken; und um die Reinheit seines Herzens zu bewahren, flieht es die Berührung der Wirklichkeit und beharrt in der eigensinnigen Kraftlosigkeit [...]‹.

So aber verhält es sich nicht mit Iphigenie. Sie will die Reinheit ihres Herzens bewahren, aber nicht im abgeschlossenen Tempelbezirk, sondern im Handeln gegenüber Thoas [...] im Weltgetriebe [...]. Aus dem Stück wäre eine Tragödie geworden, wenn Iphigenies edle Offenheit, mit der sie dem König gegenübertritt, nicht belohnt, sondern bestraft worden wäre mit dem Vollzug des Menschenopfers. Belohnt wird sie, weil die Schönheit ihrer Seele offenbar ansteckend wirkt. Der Abgrund des möglichen Grauens schließt sich, die Szenerie der Grausamkeit wird zu einer utopischen Stätte der Humanität.

Iphigenie verlässt den Tempelbezirk, doch das Stück insgesamt ist eine Art von Tempelbezirk, abgeschirmt gegen die Welt [...].«

Rüdiger Safranski: Goethe. Kunstwerk des Lebens. München: Hanser, 2013. S. 261 f.

Lösungsvorschlag (anspruchsvoll)

Gliederung

1 Anselm Feuerbachs Gemälde *Iphigenie* von 1871
  1.1 Kurze Beschreibung des Bildes
  1.2 Infragestellung der Interpretation Feuerbachs als Ausgangsthese
2 Iphigenie und ihr zunächst stummer Protest
  2.1 Auflehnung gegen Thoas, gegen die traditionelle Frauenrolle und gegen Diana
  2.2 Selbstkontrolle bis zur Selbstzensur
3 ______________________________
4 Thoas' Heiratsantrag als Konflikt
  4.1 Verschlossenheit und fluchbeladene Herkunft als Abwehrstrategien der Griechin
  4.2 ______________________________
5 Entscheidungsdruck auf Iphigenie im Zusammenhang mit Frauenbildern
6 Iphigenies Geständnis der Wahrheit als moralischer Appell an Thoas
  6.1 Entscheidungsfreiheit als Voraussetzung für sittliches Handeln
  6.2 ______________________________
7 Iphigenie als erfolgreiche Politikerin
8 Iphigenie und die Götter
  8.1 Zwischen kindlichem Gottvertrauen und vorsichtiger Kritik
  8.2 ______________________________
  8.3 ______________________________
9 Iphigenie – klassisches Ideal in modernem Gewand in einem idealen Handlungsraum

1 Anselm Feuerbachs Gemälde *Iphigenie* von 1871

1.1 Kurze Beschreibung des Bildes

So stellte sich der Maler Anselm Feuerbach in der zweiten Hälfte des 19. Jahrhunderts Goethes Iphigenie vor (Material 1): auf einer steinernen Stufe an der Küste sitzend und mit dem Blick auf das Meer ihrer tiefen Sehnsucht nach der Heimat und damit nach einer anderen Welt hingegeben: »Das Land der Griechen mit der Seele suchend« (V. 12). Zugleich zeigt sie mit ihrer fast greifbaren Nähe im Vordergrund des Bildes jedoch eine große Präsenz im Hier und Jetzt. Dieser Eindruck wird verstärkt durch die weiten, schweren Gewänder, die Iphigenie nach unten zu ziehen scheinen und sie mit dem Boden und damit mit Tauris verbinden, ja: geradezu verankern. Der Faltenwurf ihrer Tücher erinnert an griechische Statuen und damit an Stein, so dass die Griechin wie verschmolzen wirkt mit ihrem steinernen Sitzplatz an der Küste. Diese Gebundenheit und das mächtige Gewand ersticken fast alles Lebendige und Individuelle der jungen Frau zu einer beklemmenden Statik, zu einer passiven Hinnahme ihres Schicksals.

1.2 Infragestellung der Interpretation Feuerbachs als Ausgangsthese

Dies also soll die durchaus streitbare Frau sein, die ihre Person und ihre Überzeugungen in den Konflikten des Dramas gegen göttliche und weltliche Autoritäten verteidigt? Die ein ganzes Volk von Barbaren erfolgreich zivilisiert hat und sich obendrein noch für die Gleichberechtigung der Frauen einsetzt? Die schließlich in einer unerhörten Kühnheit, gegen alle Traditionen, die humane Lösung eines Konflikts auf Leben und Tod durchsetzt und dabei noch einen von den Göttern verhängten Fluch auf zutiefst menschliche Weise beendet? All das erfordert doch aktives Handeln, Aufbegehren und mutiges Eingreifen in den Lauf der Welt und keineswegs dieses hinnehmende Leiden am eigenen Schicksal, das Feuerbachs Gemälde auszudrücken scheint! – Oder wollte Feuerbach mit seinem Verzicht auf Signale eines äußeren Handelns auf die seelischen Vorgänge in Iphigenie verweisen, aus denen »Entschluss und Entwickelung […] hervorgeht«, wie Ludwig Tieck 1828 schreibt (Material 2)? Ist da nicht tatsächlich eine durch Haltung, Kopf und Gliedmaßen angedeutete Grazie und leichte Bewegung spürbar, also individuelle Persönlichkeit?

2 Iphigenie und ihr zunächst stummer Protest

2.1 Auflehnung gegen Thoas, gegen die traditionelle Frauenrolle und gegen Diana

In dieser Iphigenie, die hier so gedankenverloren aufs Meer blickt, brodelt bereits im Eingangsmonolog Auflehnung. Auflehnung gegen den Taurerkönig Thoas, der die fremde Griechin entgegen der taurischen Tradition gastfreundlich aufgenommen und ihr Asyl gewährt hat, sie aber zugleich zum Amt der Priesterin des Diana-Heiligtums nötigte. Auflehnung ferner gegen die traditionelle Rolle der Frauen als Unfreie, Unterdrückte. Auflehnung sogar gegen die Göttin, die sie seinerzeit vor dem Opfertod durch den eigenen Vater rettete und sie hierher auf die Insel der Barbaren brachte. Denn Iphigenie kommt das göttliche Eingreifen vor wie die Rettung vor dem Tod zum »Leben hier, dem zweiten Tode« (V. 53). Überhaupt geht sie in ihren Gedanken sehr kritisch um mit ihrer göttlichen Nicht-Retterin und macht sie, nicht ihren Vater, der sie der Gottheit opfern wollte, für ihr Schicksal verantwortlich.

2.2 Selbstkontrolle bis zur Selbstzensur

Auflehnung jedoch zunächst nur in der Heimlichkeit des Monologs, verbunden mit der Sehnsucht nach Freiheit, Selbständigkeit und Heimat. Selbst im Geheimen noch wird all das zutiefst gesittet und fromm vorgetragen. Denn sie schämt sich ihrer Kritik an Diana, schämt sich sogar dafür, dass sie der Göttin nur »[m]it stillem Widerwillen« (V. 16) dienen kann. Das klingt nach strenger Selbstzensur, nach einer »Schere im Kopf« und keineswegs nach Gedankenfreiheit. Man ahnt: Wer als erwachsener Mensch noch so kindrein und artig denkt, wird es schwer haben mit der Verwirklichung von innerer und äußerer Freiheit.

3 ____________
____
____
____
____

Die Aussicht auf eine Ehe mit Thoas empfindet sie als »die schrecklichste« aller Bedrohungen (V. 172–174). Für ihren Sprachgebrauch sind dies äußerst heftige, beleidigende Worte, mit denen sie Arkas' Vorankündigung des Heiratsantrags begegnet, ebenso der spätere Begriff »Widerwillen« (V. 1492). Warum diese rigorose, verletzende Zurückweisung des königlichen Werbens? Träumt sie immer noch ihren Mädchentraum von einer Hochzeit mit Achill, mit dem sie damals nach Aulis gelockt wurde? Und will nun ihren Märchenprinzen trotz der damaligen grausamen Ernüchterung nicht gegen einen Barbarenkönig eintauschen? – Von einer heimlichen Liebe dieser Art ist jedoch niemals die Rede, auch nicht in ihren vielen Monologen. Selbst in solchem Zwiegespräch, in der intimen Offenbarung der Gefühle und Gedanken, wird die Sphäre des Sinnlichen nicht betreten, wird der Bereich des Körperlichen und Geschlechtlichen vollkommen ausgeschlossen. Joseph Kiermeier-Debre (Material 5) ordnet Iphigenie einem Typus von Frau zu, die »zur Liebenden nicht geboren und berufen« sei, und betrachtet die Griechin in ihrer Keuschheit und Sittenstrenge als eine Art »Inkarnation« der jungfräulichen Göttin Diana. Ein schönes Bild! Nur passt die Grausamkeit dieser Göttin, die sich ja auch in den blutigen archaischen Opferritualen ausdrückte, so gar nicht zu der »schönen Seele« Iphigenies und ihrer Missbilligung jeglicher Gewalt.

Wie malt man diese Sittenstrenge auf einem Bild? Vielleicht doch wie Feuerbach mit einem körperlos mächtigen Gewand wie aus Stein? Und mit solchen zu einer schicklichen Frisur gezähmten Haaren? – Überkommt sie gelegentlich nicht doch mal die Lust, ihre langen Haare frei im Küstenwind fliegen zu lassen?

4 Thoas' Heiratsantrag als Konflikt

4.1 Verschlossenheit und fluchbeladene Herkunft als Abwehrstrategien der Griechin

Keuschheitsgürtel oder Rückfahrschein nach Griechenland – einer Vermählung mit Thoas, die sie endgültig an Tauris binden würde, weicht sie hartnäckig aus. Allein schon ihre Aura von Unnahbarkeit, von immerwährendem Kummer, schließlich ihre demonstrative Verschlossenheit gegenüber allen näheren Kontakten wirken wenig einladend, wie Arkas tadelnd bemerkt: »[D]er Blick, vor dem ich immer schaudre; / Und wie mit Eisenbanden bleibt die Seele / Ins Innerste des Busens dir geschmiedet« (V. 71–73). Als es mit dem Heiratsantrag des Thoas dennoch ernst wird, offenbart sie ihre Herkunft aus dem fluchbeladenen Tantalidengeschlecht und berichtet in so drastischen Bildern von den Verbrechen ihrer Vorfahren, dass sich selbst der Barbarenfürst entsetzt abwendet: »Es sei genug / Der

Gräuel!« (V. 397 f.). Dennoch verfängt ihre Abschreckungsstrategie bei ihm nicht, so dass sie schließlich die »Waffen eines Weibes« (V. 483) ergreift, die wortreiche argumentative Auseinandersetzung im Dialog.

4.2 ____________
____
____
____
____

Weil sich hier aber sowohl Iphigenie als auch Thoas auf einen angeblichen Götterwillen berufen – natürlich mit konträren Vorstellungen –, eskaliert der Dialog zu einem hitzig geführten Streitgespräch zu Grundsatzfragen über das Göttliche, das schließlich durch ein Machtwort des Mächtigen beendet wird. Thoas' Erpressung mit einer Erneuerung des taurischen Menschenopfers beruht auf einem traditionellen Frauenbild: Die Frau besitzt das weichere Herz, ist von ihrem Wesen her mitfühlender und menschlicher. Iphigenie werde daher das Leben der Gefangenen und den Rückfall in Barbarei nicht riskieren. Humanität wird durch ihr eigenes Prinzip erpressbar! Auch spielt wohl die Vorstellung von einer Zweckehe aus Gründen der Staatsräson im Denken des Königs und seines Ratgebers Arkas eine große Rolle – im 18. Jahrhundert selbstverständliches Kalkül dynastischer Interessenpolitik. Mit ihrer Verweigerung der Ehe sprengt Iphigenie dieses traditionelle Rollenverständnis, das Frauen ihren Subjektcharakter abspricht und sie zu Objekten politischer oder finanzieller Interessen erniedrigt.

5 Entscheidungsdruck auf Iphigenie im Zusammenhang mit Frauenbildern

Würde sie sich anders entscheiden, wenn es der einzige Weg wäre, das Leben ihres Bruders zu retten? Eine solche Lösung, von Iphigenie nur kurz bedacht, taugt vielleicht für einen rührseligen Roman oder die Schlagzeile »Aufopferungsvolle Schwester rettet Bruder durch Zwangsheirat das Leben«, nicht aber für ein klassisches Drama aus dem Geist der Aufklärung. Nicht um die Festschreibung einer traditionellen Frauenrolle aus Gehorsam, Unterwerfung und Selbstaufgabe geht es, sondern um Distanzierung von diesem Frauenbild. – Gehorsam verlangt wenig später selbst der Grieche Pylades von ihr. Sein Fluchtplan weist der widerstrebenden Iphigenie eine Schlüsselrolle zu, deren Verknüpfung mit Betrug und Raub er als alternativlos darstellt: In solcher Lage, im tödlichen Konflikt mit Barbaren, muss man mit allen Mitteln um sein Leben kämpfen! Eine Zimperliese wie sie, die zur Rettung ihres eigenen Bruders vor dem Menschenopfer nicht einmal zur Lüge bereit sei, habe keine Ahnung vom wirklichen Leben und dessen Regeln (vgl. Material 3).

6 Iphigenies Geständnis der Wahrheit als moralischer Appell an Thoas

6.1 Entscheidungsfreiheit als Voraussetzung für sittliches Handeln

Nach schwerem Ringen mit sich selbst, als ihr eigenes positives Weltbild bereits ins Wanken gerät, entscheidet sich Iphigenie gegen die auf Vernunft und Erfahrung beruhende Argumentation des Griechen und lässt ihr Herz sprechen, im Vertrauen darauf, dass auch Thoas, der Barbar, die »Stimme des Herzens« vernimmt und im Konflikt einlenkt. Mit ihrem Bekenntnis der Wahrheit besteht sie auf eigener Entscheidungsfreiheit gegenüber den massiven Einwirkungsversuchen von Pylades und Thoas. Im Wissen um die gegensätzliche Interessenlage zwischen ihr und dem Taurer, aber überzeugt von einer übergeordneten Gemeinsamkeit, der Anlage zu Humanität in jedem Menschen, verrät sie ihr eigenes Interesse, die Rettung ihres Bruders und ihre Heimkehr nach Griechenland, was nach herkömmlicher Ansicht nur mit Betrug möglich wäre. Mit dieser entwaffnenden Offenheit stellt sie die Willensfreiheit des Taurerkönigs wieder her (vgl. Material 4), der zum Objekt des griechischen Fluchtplans, aber auch seiner eigenen Leidenschaften geworden war: »Verdirb uns – wenn du darfst« (V. 1936).

6.2 ____________
____
____
____
____

Ausdrücklich interpretiert die Griechin ihren mutigen Versuch einer gewaltfreien, humanen Konfliktlösung als weibliche Alternative zum männlichen Heldentum, dem Kampf auf dem Schlachtfeld. Die Rollenverteilung der Geschlechter bleibt zwar fast noch traditionell, neu ist die Forderung nach einer gleichberechtigten Anerkennung der Rolle der Frau, ihrer Vorstellungen, ihres Andersseins. Sittlich begründete »weibliche« Konfliktlösungen sollen frei konkurrieren können mit dem traditionellen, auf Krieg und Kampf beruhenden Heroismus des Mannes. Die Frau soll nicht mehr passives Opfer der Männerwelt und ihrer Regeln sein, sondern eigene Lösungsmodelle anbieten und durchsetzen können. Für diesen Anspruch auf Emanzipation muss Iphigenie nicht einmal den Hosenanzug anziehen, sondern bleibt als Frau ganz bei sich selbst.

Bei der Gender-Thematik auf dem entstehenden Bild mit Gegensätzen arbeiten! Männliches Heldentum mit eckigen, spitzen Formen und mit aggressiven, auch metallischen Farben! – Aber wie gestaltet man auf einem Gemälde das kontinuierliche missionarische, eigentlich politische Wirken der Iphigenie?

7 Iphigenie als erfolgreiche Politikerin

Von Anfang an scheint sie den innenpolitischen Spielraum ihres Amts als Priesterin ausgenutzt zu haben, um strenge, oft grausame barbarische Traditionen aufzuheben, allen voran das Menschenopfer. Arkas preist sie als Lichtgestalt, die das wilde Inselvolk zu Menschlichkeit erzogen, den Druck der Tyrannei gemildert und die Herzen erobert habe. Jede einzelne Reform muss offenbar gegen den Widerstand des jähzornigen Königs durchgesetzt werden, der um seine Macht fürchtet: »Wie oft besänftigte mich diese Stimme!« (V. 1986). Mit welcher Leidenschaft, mit welchem Mut sie dabei streiten kann, vor allem in ihrer neuen Rolle als griechische Königstochter! Etwa wenn sie den Taurerkönig eines grausamen Despotismus bezichtigt und ihm Unmenschlichkeit vorwirft, weil er, der noch nicht ganz Gezähmte, mit der Erneuerung des Menschenopfers noch einmal so richtig seine barbarische Herkunft offenbart! – Erfolgreich ist sie schließlich auch in der Außenpolitik. Durch sie wird der gefährliche Konflikt entschärft, wird der Tod der beiden griechischen Prinzen und späteren Könige in Mykene und Phokis verhindert. Nicht auszudenken, wenn die Griechen blutige Rache an den Taurern verübt hätten – das legendäre Gold der Skythen wäre Grund genug für einen Rache-Raubzug gewesen!

Entscheidenden Anteil an dieser Emanzipation im weltlichen Bereich hat ihre Loslösung in religiösen Dingen – ein Aspekt unseres Bildes von Iphigenie, der sich vorwiegend im Innern abspielt und leise Farbtöne erfordert. Aber wegen ihrer tiefen inneren Krise sollte man vielleicht besser eine Schichttechnik wählen, um hinter dicken Farbschichten ihre Seelennot freikratzen zu können.

8 Iphigenie und die Götter

8.1 Zwischen kindlichem Gottvertrauen und vorsichtiger Kritik

Ihre im Eingangsmonolog noch schamhaft vorgebrachte Kritik an der Göttin weicht zunächst einem kindlichen Gottvertrauen, als ihr die unerwartete Begegnung mit dem Bruder und die scheinbar zum Greifen nahe Heimkehr wie ein Geschenk des Himmels vorkommen: Die vielen Gebete haben endlich Gehör gefunden! Wie in Aulis erbarmt sich Diana erneut, um »von der Erde mich / Emporzuheben und in jenen Schlummer / Mich einzuwiegen, den die gute Göttin / Um meine Schläfe legte, da ihr Arm / Mich rettend fasste« (V. 1512–16)! – Eine Vorstellung wie auf den volkstümlich-naiven Votivbildern in einer Wallfahrtskirche!

3.2 ____________

____

____

____

____

Doch diesem tiefgläubigen Dank Iphigenies für die erhoffte Rettung aus schwerer Not folgen mit der wachsenden Erkenntnis ihrer eigenen Verantwortung rasch Ernüchterung und grundsätzliche Zweifel am guten Willen und Wirken der Götter. In ihrer mit dem Fluchtplan verknüpften Verstrickung in Lüge, Betrug, Verbrechen glaubt sie die im Weltganzen angelegte Unmöglichkeit einer eigenen Reinheit und moralischen Integrität zu erkennen. Dann gäbe es auch für sie kein Entrinnen vor dem Atridenfluch! Dann wäre auch sie zum Bösen vorherbestimmt, der Fluch erwiese sich als unaufhebbar und die Selbstbestimmung des Menschen wäre Illusion!

8.3 ____________

____

____

____

____

Gegen dieses antike Denken, wonach der Mensch von der Willkür göttlicher Gewalten abhängig ist, stellt Goethes Iphigenie den Anspruch auf menschliche Autonomie. Da sie sich auf ihre innere Stimme, ihr Gewissen, beruft, emanzipiert sie sich von den göttlichen Weisungen des Orakelspruchs und beansprucht Autonomie gegenüber den Göttern, die als Bilder, als Projektionen des Menschen von menschlichem Handeln abhängig sind: »[V]erherrlicht / durch mich die Wahrheit!« (V. 1918 f.). Götter stellen nicht per se eine äußere Instanz dar, sondern sind innere Bilder, sind subjektive Vorstellungen vom absolut Guten, die durch ein vorbildliches, ideales Handeln des Menschen ausgelöst werden.

9 Iphigenie – klassisches Ideal in modernem Gewand in einem idealen Handlungsraum

Indem Goethe seiner Iphigenie so viel Ideales mitgibt, entrückt er sie aber auch der Wirklichkeit. Die Konzeption der Dramenfigur orientiert sich an einer idealisierten griechischen Antike und entspricht der »edle[n] Einfalt und stille[n] Größe«, die der Kunsthistoriker Johann Joachim Winckelmann an griechischen Statuen gesehen hatte und 1755 als ästhetisches Ideal für die Kunst vorgegeben hatte: »bei allen Leidenschaften eine große und gesetzte Seele«! Goethe haucht dieser ursprünglich antiken Figur eine ideale Verknüpfung von freier Selbstbestimmung, Wahrheit und Menschlichkeit ein und damit den modernen Humanitätsbegriff des 18. Jahrhunderts. Diesen verkörpert sie – man ahnt es schon – in idealer Weise, weil die »Pflicht« zur Humanität nicht im Gegensatz zu ihrer »Neigung« steht, sondern mit ihrer natürlichen Veranlagung zusammenfällt – eine »schöne Seele« (V. 1493) eben. Bei so viel Idealem muss nicht unbedingt eine ideale Frau herauskommen, wohl aber ein klassisches Ideal, ein Vorbild an Humanität, das die Reinheit des Herzens auch noch im politischen Handeln der Wirklichkeit bewahrt. Rüdiger Safranski (Material 6) merkt allerdings an, dass Goethe diese »schöne Seele« zwar vom Tempelbezirk in das »Weltgetriebe« entlässt, wo sie sich ohne List und Betrug bewährt, dass Goethes Drama aber »insgesamt […] eine Art von Tempelbezirk« sei, abgedichtet gegen eine schlechte Wirklichkeit. Dem kann man nur zustimmen. Abgedichtet bis zur Einsamkeit eines Seelendramas – ein bisschen wie bei Feuerbach.

Arbeitsaufträge:

1. Ergänzen Sie die fehlenden Gliederungspunkte (3, 4.2, 6.2, 8.2, 8.3).
2. Zeigen Sie, wie der Themenbegriff »Bild« den Leser als Leitmotiv inhaltlich und sprachlich begleitet.
3. Tragen Sie die Merkmale des Essays aus der folgenden Definition zusammen und weisen Sie sie in der Musterlösung nach. Kennzeichnen Sie dazu einzelne inhaltliche und sprachliche Strategien, die einer nüchternen wissenschaftlichen Abhandlung entgegenwirken.

Essay: Anspruchsvolle subjektiv gefärbte Abhandlung über ein Thema aus Kunst und Literatur, Wissenschaft oder Philosophie. Der Autor setzt sich unter verschiedenen Gesichtspunkten gründlich, aber nicht wissenschaftlich mit dem Gegenstand auseinander. Die Gedankenführung im Essay ist nicht streng argumentierend wie beim Erörtern bzw. in einem Kommentar, sondern offen für Nebengedanken, für erzählende Passagen und für stilistische Variation. Der Essayist kann Wortspiele und sprachliche Bilder verwenden, er darf zuspitzen, mit rhetorischer Übertreibung argumentieren und muss sich selbst keineswegs hinter dem Gegenstand seiner Abhandlung verstecken. Autoren von Essays stellen gerne rhetorische Fragen und eröffnen dem Leser dadurch, oft in amüsanter Form, überraschende Sehweisen zum Thema. Mit dem Essay will der Verfasser also nicht nur informieren und argumentieren, sondern seine Leserinnen und Leser zugleich auf eine inhaltlich und sprachlich gehobene Weise unterhalten. Dieses ästhetische Spiel unterscheidet den Essay von der Nüchternheit des reinen Erörterns oder einer wissenschaftlichen Abhandlung.

Lösungshinweis zu ARBEITSBLATT 1b (➤ S. 13 f.)

Johann Wolfgang Goethe: *Iphigenie auf Tauris* (1787)

Eingangsmonolog, vollständig (V. 1–14, 23–53)

Text	Lösungshinweise
IPHIGENIE. Heraus in eure Schatten, rege Wipfel	*Tempel und Hain als Arbeitsplatz der Priesterin*
Des alten, heil'gen, dichtbelaubten Haines,	
Wie in der Göttin stilles Heiligtum,	
Tret ich noch jetzt mit schaudерndem Gefühl,	→ *tägliche Erinnerung an Menschenopfer in Tauris*
Als wenn ich sie zum erstenmal beträte,	
Und es gewöhnt sich nicht mein Geist hierher.	→ *Gefühl von Fremdheit im taurischen Exil*
So manches Jahr bewahrt mich hier verborgen	
Ein hoher Wille, dem ich mich ergebe;	→ *Unterwerfung unter den Willen der Göttin (?)*
Doch immer bin ich, wie im ersten, fremd.	
Denn ach mich trennt das Meer von den Geliebten,	*Personal-/Possessivpronomen 1. Pers. Sg.:*
Und an dem Ufer steh ich lange Tage,	*Ich-Botschaft, Subjektivität*
Das Land der Griechen mit der Seele suchend;	
Und gegen meine Seufzer bringt die Welle	
Nur dumpfe Töne brausend mir herüber. […]	*Einsamkeit und Wunsch nach Heimkehr*
Ich rechte mit den Göttern nicht; allein	→ *Trotz Widerrufs Kritik an den Göttern*
Der Frauen Zustand ist beklagenswert.	
Zu Haus und in dem Kriege herrscht der Mann	
Und in der Fremde weiß er sich zu helfen.	
Ihn freuet der Besitz; ihn krönt der Sieg;	
Ein ehrenvoller Tod ist ihm bereitet.	
Wie eng-gebunden ist des Weibes Glück!	*Klage über die untergeordnete Rolle der Frauen:*
Schon einem rauen Gatten zu gehorchen,	→ *»gehorchen« als Unterwerfung unter einen*
Ist Pflicht und Trost; wie elend, wenn sie gar	*fremden Willen*
Ein feindlich Schicksal in die Ferne treibt!	
So hält mich Thoas hier, ein edler Mann,	*Klage über die Abhängigkeit von König Thoas*
In ernsten, heil'gen Sklavenbanden fest.	

Lösungshinweis zu ARBEITSBLATT 1b (➤ S. 13 f.)

O wie beschämt gesteh ich, dass ich dir
Mit stillem Widerwillen diene, Göttin,
Dir meine Retterin! Mein Leben sollte
Zu freiem Dienste dir gewidmet sein.
Auch hab ich stets auf dich gehofft und hoffe
Noch jetzt auf dich Diana, die du mich,
Des größten Königes verstoßne Tochter,
In deinen heil'gen, sanften Arm genommen.

Ambivalentes (zwiespältiges) Verhältnis zu Diana:

- *Dankbarkeit, aber widerwilliger Dienstals Priesterin*
- *Anspruch auf freie Selbstbestimmung*
- *Hoffnung auf Dianas Hilfe*

Ja, Tochter Zeus', wenn du den hohen Mann,
Den du, die Tochter fodernd, ängstigtest;
Wenn du den göttergleichen Agamemnon,
der Dir sein Liebstes zum Altare brachte,
von Trojas umgewandten Mauern rühmlich
Nach seinem Vaterland zurückbegleitet,
Die Gattin ihm, Elektren und den Sohn,
Die schönen Schätze, wohl erhalten hast;
So gib auch mich den Meinen endlich wieder,
Und rette mich, die du vom Tod errettet,
Auch von dem Leben hier, dem zweiten Tode.

Verherrlichung ihres Vaters, zugleich deutliche Kritik an Diana: Missbrauch ihrer Gewalt!

Bitte/Forderung Iphigenies als Königstochter, nicht als Priesterin

Pronomen! Enge Beziehung, Abhängigkeit, Gebet

Erneute Kritik an Diana, die ihre unerträgliche Situation verschuldet habe

Lösungshinweis zu ARBEITSBLATT 3 (➤ S. 27 f.)

Die Bedeutung des Tantalidenfluchs in Goethes *Iphigenie*

Verbrechen, Gewalttaten und weitere Vergehen in der Familie der Tantaliden (Auswahl)

Pelops:

- *zweifacher Mord (darunter sein zukünftiger Schwiegervater) als Freier um die Königstochter Hippodameia*
- *Tod seines Lieblingssohns Chrysippos aus seiner Beziehung zu Astyoche/Axioche, der von dessen Stiefbrüdern Thyest und Atreus ermordet wird*
- *Selbstmord seiner Frau Hippodamie, die vermutlich am Mordkomplott beteiligt war*

Thyest:

- *gemeinsam mit seinem Bruder Ermordung seines Halbbruders Chrysippos*
- *Ehebruch mit Atreus' Frau Aerope, deshalb aus Mykene vertrieben*
- *Plan einer Ermordung seines Bruders Atreus durch dessen Sohn*
- *Vergewaltigung seiner Tochter Pelopeia, bevor sie die dritte Frau des Atreus wurde*

Atreus:

- *gemeinsam mit seinem Bruder Ermordung seines Halbbruders Chrysippos*
- *Foltertod seines eigenen Sohnes aus Unkenntnis*
- *Schlachtung und Verspeisung der zwei Söhne seines Bruders Thyest*

Aigisthos:

- *inzestuös gezeugter Sohn von Thyest, der zugleich sein Vater und Großvater ist*
- *König von Mykene durch Ermordung seines Onkels Atreus*
- *Mörder seines Vetters Agamemnon*

Agamemnon:

- *König von Mykene durch Vertreibung seines Vetters Aigisthos*
- *Opferung seiner Lieblingstochter Iphigenie auf göttliche Weisung*

Klytämnestra:

- *Gattenmord (Agamemnon)*

Orest:

- *Muttermord und Ermordung seines Onkels Aigisthos*

Anmerkung: Der gesuchte Begriff aus der Zusatzfrage zu Arbeitsauftrag 1 lautet: Brudermord.

Lösungshinweis zu ARBEITSBLATT 7a (➤ S. 64 f.)

Textvergleich Gruppe 1: Goethe, *Iphigenie auf Tauris* IV,5 (1. Teil)

Fassung von 1779 (Urfassung)

IPHIGENIE *allein.*

Folgen muss ich ihm, denn der Meinigen große Gefahr seh' ich vor Augen. Doch will mirs bange werden, über mein eigen Schicksal.

Hilfe der Göttin in der Versfassung gestrichen!

Vergebens hofft ich still verwahrt von meiner Göttin den alten Fluch von unsern Haus ausklingen zu lassen, und durch Gebet und Reinheit die Olympier zu versühnen. Kaum wird mir in Armen mein Bruder geheilt, kaum naht ein Schiff ein lang erflehtes, mich an die Stätte der lebenden Vater Welt zu leiten, wird mir ein doppelt Laster von der tauben Not geboten, Das heilige mir anvertraute Schutzbild dieses Ufers wegzurauben und den König zu hintergehn.

Fassung von 1787

	IPHIGENIE.	
Modalverben als Schlüsselwörter: *Müssen* als Aufhebung der Selbstbestimmung	Ich muss ihm folgen: denn die Meinigen	
	Seh ich in dringender Gefahr. Doch ach!	Intensivierung
	Mein eigen Schicksal macht mir bang und bänger.	
	O soll ich nicht die stille Hoffnung retten,	
	Die in der Einsamkeit ich schön genährt?	
	Soll dieser Fluch denn ewig walten? Soll	Parallelismus, Anapher, rethorische Fragen
	Nie dies Geschlecht mit einem neuen Segen	
	Sich wieder heben? – Nimmt doch alles ab!	
allgemeingültig: Sentenz	Das beste Glück, des Lebens schönste Kraft	
	Ermattet endlich! Warum nicht der Fluch?	
	So hofft ich denn vergebens, hier verwahrt,	
Inversio / Archaismus	Von meines Hauses Schicksal abgeschieden,	
	Dereinst mit reiner Hand und reinem Herzen	
	Die schwer befleckte Wohnung zu entsühnen.	Antithese
	Kaum wird in meinen Armen mir ein Bruder	
Parallelismus	Vom grimm'gen Übel wundervoll und schnell	Stil: religiös!
	Geheilt; kaum naht ein lang erflehtes Schiff	
	Mich in den Port der Vaterwelt zu leiten:	Emblem / Archaismus
Personifizierung	So legt die taube Not ein doppelt Laster	
Metapher	Mit eh'rner Hand mir auf: das heilige,	
	Mir anvertraute, viel verehrte Bild	Dreierfigur
	Zu rauben und den Mann zu hintergehn,	
	Dem ich mein Leben und mein Schicksal danke.	Relativsatz als Antithese

Lösungshinweis zu ARBEITSBLATT 7a (➤ S. 64 f.)

Prosafassung	Anmerkung	Versfassung	Anmerkung
Wenn ich mit Betrug und Raub beginn, wie will ich Segen bringen und wo will ich enden? Ach warum scheint der Undank mir wie tausend andern nicht ein leichtes unbedeutendes Vergehn.	neu (V. 1712–17):	O dass in meinem Busen nicht zuletzt	
Absatz gestrichen und ganz neu formuliert!	Emphase / Metapher	Ein Widerwillen keime! der Titanen,	
	Aufwertung	Der alten Götter tiefer Hass auf euch,	
		Olympier, nicht auch die zarte Brust	Assonanzspiel
	Metapher / Neologismus	Mit Geierklauen fasse! Rettet mich,	
		Und rettet euer Bild in meiner Seele!	Appell + Subjektivierung der Götter
Es sangen die Parzen ein grausend Lied, als Tantal fiel vom goldnen Stuhl, die Alten litten mit ihrem Freund. Ich hört es oft! In meiner Jugend sangs eine Amme uns Kindern vor.	Vergegenwärtigung	Vor meinen Ohren tönt das alte Lied –	
		Vergessen hatt ich's und vergaß es gern –	Distanzierung
		Das Lied der Parzen, das sie grausend sangen,	
	Metapher	Als Tantalus vom goldnen Stuhle fiel:	
	Aufwertung des T.	Sie litten mit dem edlen Freunde; grimmig	Inversion
		War ihre Brust, und furchtbar ihr Gesang.	
	Distanzierung	In unsrer Jugend sang's die Amme mir	
		Und den Geschwistern vor, ich merkt es wohl.	
Es fürchte die Götter das Menschen-Geschlecht […].		Es fürchte die Götter Das Menschengeschlecht! […]	

 (➤ S. 64 f.)

Textvergleich Gruppe 2: Goethe, *Iphigenie auf Tauris* IV,5 (2. Teil)

Fassung von 1779 (Urfassung)		Fassung von 1787	
Es sangen die Parzen ein grausend Lied, als Tantal fiel vom goldnen Stuhl, die Alten litten mit ihrem Freund. Ich hört es oft! In meiner Jugend sangs eine Amme uns Kindern vor. Aufwertung des Tantatalus: Goethes Sympathie für dessen Geist der Rebellion!	Distanzierung	Vor meinen Ohren tönt das alte Lied – Vergessen hatt ich's und vergaß es gern – Das Lied der Parzen, das sie grausend sangen, Als Tantalus vom goldnen Stuhle fiel: Sie litten mit dem edlen Freunde; grimmig War ihre Brust, und furchtbar ihr Gesang. In unsrer Jugend sang's die Amme mir Und den Geschwistern vor, ich merkt es wohl.	Vergegenwärtigung Metapher Distanzierung
Es fürchte die Götter das Menschen-Geschlecht, sie haben Macht, und brauchen sie, wies ihnen gefällt, der fürchte sie mehr den sie erheben, auf schroffen Klippen stehn ihre Stühle um den goldnen Tisch. Erhebt sich ein Zwist so stürzt der Gast unwiederbringlich ins Reich der Nacht, und ohne Gericht liegt er gebunden in der Finsternis. Sie aber lassen sichs ewig wohlsein am goldnen Tisch. Von Berg zu Bergen schreiten sie weg und aus der Tiefe dampft ihnen des Riesen erstickter Mund gleich andern Opfern ein leichter Rauch. Von ganzen Geschlechtern wenden sie weg ihr segnend Aug und hassen im Enkel die ehmals geliebten und nun verworfnen Züge des Ahnherrn. So sangen die Alten und	Wechsel des Metrums zu zwei Hebungen: schwerer Rhythmus altertümlich für ›Menschheit‹ Kontrast zur Endlichkeit des Menschen Orte eines halt- und schutzlosen Ausgesetztseins Neu: Verhöhnung und Entwürdigung ➡ Bösartigkeit der Götter! Lautmalerei: **Zischlaute** und ***Assonanzspiel***	Es fürchte die Götter Das Menschengeschlecht! Sie halten die Herrschaft In ewigen Händen, Und können sie brauchen Wie's ihnen gefällt. Der fürchte sie doppelt Den je sie erheben! Auf Klippen und Wolken Sind Stühle bereitet Um goldene Tische. Erhebet ein Zwist sich: So stürzen die Gäste Geschmäht und geschändet	Gebot als Sentenz / erhabener Stil / Inversion **Alliteration** Willkür: Götter als Bedrohung Warnung an den Einzelnen Einladung als eine Falle? Oben / Unten verknüpft mit Licht / Finsternis, mit Himmel / Hölle und mit Freiheit / Kerker

Lösungshinweis zu ARBEITSBLATT 7a (➤ S. 64 f.)

Tantal horcht in seiner Höle, denkt seine
Kinder und seine Enkel und schüttelt das
Haupt.

In nächtliche Tiefen,
Und harren vergebens,
Im Finstern gebunden,
Gerechten Gerichtes. — unreiner Schlagreim

Sie aber, sie bleiben
In ewigen Festen
An goldenen Tischen.
Sie schreiten vom Berge — gehobener Stil
Zu Bergen hinüber:

(Perspektivwechsel betont Arroganz der Macht)

Aus Schlünden der Tiefe
Dampft ihnen der Atem
Erstickter Titanen,
Gleich Opfergerüchen,
Ein leichtes Gewölke.

(Gleichgültigkeit/Umdeutung der Wirklichkeit durch die Mächtigen)

(Sturz und Einkerkerung der Konkurrenz als Grundlage weiterer Macht)

Es wenden die Herrscher
Ihr segnendes Auge
Von ganzen Geschlechtern,

(Atridenfluch)

Und meiden, im Enkel
Die ehmals geliebten,
Still redenden Züge
Des Ahnherrn zu sehn.

(Distanz als Vermeidung einer Auseinandersetzung mit den Folgen eigener Willkür. Opfer als ewig Verfluchte und Vergessene)

So sangen die Parcen; — Distanz: Hinweis auf Rezitation innerhalb des Ammenlieds
Es horcht der Verbannte, — Präsens: Tantalus lauscht dem Lied über das eigene Schicksal …
In nächtlichen Höhlen
Der Alte die Lieder,
Denkt Kinder und Enkel
Und schüttelt das Haupt. — … und missbilligt den Fluch

Lösungshinweis zu ARBEITSBLATT 8a (➤ S. 77)

Iphigenie und Thoas im offenen Disput (V,3)

Die Verzögerung des Menschenopfers hat Thoas in der Vorszene zum Tempel eilen lassen, wo ihm Arkas seinen Argwohn bestätigt. Nun fordert er die herbeizitierte Iphigenie auf, ihm die Gründe für den Aufschub persönlich zu erklären.

H Iphigenie behauptet, die Göttin gewähre dem Taurerkönig eine Denkpause, um seine grausame Anweisung an die Priesterin noch einmal zu überlegen. **U** Wenn er aber an seinem unmenschlichen Beschluss festhalte, finde er, wie jeder Despot, sicherlich genügend Untertanen zum blutigen Geschäft mit der Ausführung dieses Befehls, während er sich selbst in seiner abgehobenen Stellung einer Verantwortung entziehe. **M** Als Thoas daraufhin bemängelt, eine derart kritische Aussage stehe einer Priesterin nicht zu, stellt Iphigenie ihre Herkunft als griechische Königstochter heraus. **A** Als solche ende ihre anerzogene Bereitschaft zu Gehorsam, wenn sie gegen ihre Überzeugung dazu gezwungen werde. **N** Thoas beharrt dennoch auf seiner Anordnung und versucht, diese mit der althergebrachten Tradition des taurischen Menschenopfers zu rechtfertigen. **S** Iphigenie hält ihm jedoch das viel ältere Gebot der Gastfreundschaft entgegen. **A** Verärgert verlangt der König von seiner Priesterin deshalb, nicht eine andere Regel zu verletzen, nach der man »den Mächtigen« nicht »reizen« (V. 1840) solle. **C** Etwas irritiert erinnert Iphigenie ihn nun an ihre eigene Rettung vor dem Opfertod in Aulis und leitet aus dem damaligen gnädigen Erbarmen der Göttin eine entsprechende Verpflichtung für die Menschen ab. **R** Doch Thoas besteht auf seinem Befehl und versucht, Iphigenie erneut auf ihre Rolle als Priesterin und deren Pflichten festzulegen. **I** Schließlich wirft Iphigenie ihm vor, Zwang und Gewalt gegen eine schwache Frau einzusetzen. **F** Sie appelliert an seinen Anstand, die Worte einer Frau als deren einziges Mittel im ungleichen Geschlechterkampf zu achten. **I** Als sie zuletzt noch andeutet, dass den Schwachen in einem ungleichen Kampf notfalls noch »List« und weitere trickreiche »Künste« (V. 1870) zur Verfügung stehen, wird Thoas hellhörig. **C** Zwar dementiert Iphigenie gleich darauf den eigenen Einsatz solcher Mittel und verweist auf ein angeblich reines Gewissen – aber erst nach den versteckten Warnungen des Königs. **E** Nun ist sie ratlos, wie sie ihr »Innres« (V. 1883), also die Reinheit ihrer Seele, noch bewahren kann. **S** Als Thoas ihr unterstellt, es gehe ihr lediglich um die Chance, mit Hilfe der als Griechen identifizierten Gefangenen nach Griechenland zurückzukehren, unterbricht sie den Dialog, um sich in einem Selbstgespräch zu sammeln und zu einer Entscheidung durchzuringen.

Lösungswort: **HUMAN SACRIFICES** (›Menschenopfer‹)